SHAN

LIANG

DE

FEI

XING

SHAN

LIANG

DE

FEI

XING

让思想来一次闪亮的飞行

RANG SIXIANG LAIYICI
SHANLIANG DE FEIXING

詹亚旺 ／ 著

山西出版传媒集团
山西人民出版社

图书在版编目（ＣＩＰ）数据

让思想来一次闪亮的飞行 / 詹亚旺著 . -- 太原 ：
山西人民出版社，2024.1
ISBN 978-7-203-13043-7

Ⅰ . ①让⋯ Ⅱ . ①詹⋯ Ⅲ . ①新闻学－文集 Ⅳ .
① G210-53

中国国家版本馆 CIP 数据核字（2023）第 175314 号

让思想来一次闪亮的飞行

著　　　者：詹亚旺
责任编辑：姚　澜
复　　审：魏美荣
终　　审：贺　权
装帧设计：谢蔓玉

出 版 者：山西出版传媒集团·山西人民出版社
地　　址：太原市建设南路 21 号
邮　　编：030012
发行营销：0351-4922220　4955996　4956039　4922127（传真）
天猫官网：https://sxrmcbs.tmall.com　电话：0351-4922159
E-mail：sxskcb@163.com　发行部
　　　　　sxskcb@126.com　总编室
网　　址：www.sxskcb.com

经 销 者：山西出版传媒集团·山西人民出版社
承 印 厂：三河市元兴印务有限公司

开　　本：880mm×1230mm　　1/32
印　　张：9.5
字　　数：220 千字
版　　次：2024 年 1 月　第 1 版
印　　次：2024 年 1 月　第 1 次印刷
书　　号：ISBN 978-7-203-13043-7
定　　价：59.80 元

如有印装质量问题请与本社联系调换

让灵感闪烁火花，让思想展翅飞翔，让作品动人心弦。

廖玉蕙

序

旺哥说的是老实话

○苏定华

　　詹亚旺要出版一本文集《让思想来一次闪亮的飞行》，内容包括世事观澜、随笔感悟、新闻探索。这是亚旺在新闻阵地辛勤耕耘20多年的精品选，是一件洋溢丰收欢悦的喜事。

　　翻阅亚旺寄来的书稿，有部分我是初阅，有些当年曾经过目，但仍觉饶有趣味，很有可读性。其中，新闻评论是重头，涉及范围很广，有国际国内时事新闻、经济生产、商品消费、社会道德、家庭生活、体育、娱乐、教育等。

　　亚旺写的时评有自己鲜明的个性风格。写新闻评论最忌居高临下，故作高深，装腔作势，当教师爷。亚旺写的评论新闻性强，立意新颖，尖锐辛辣，但在态度上却能与读者平起平坐。文风老实，通俗易懂，不哗众取宠，深入浅出，以理服人。

　　亚旺的新闻评论，读者之所以觉得幽默风趣、可读性强，有哲理启迪，是他的写作有明显的新闻元素，常常以新闻事例引出评论目标，有时还穿插小故事助以阐明道理，引经据典，再加以分析评述，引人入胜。如《慎防病从"膏"入》《月饼选美？买珠还椟！》等，从采访市场现象写起，再摆事实讲道理，有故事，有议论，令人信服。遇到令人感动的正能量题材，不惜赞誉之词，下笔如泼墨，痛快淋漓，如《看吴川版〈英雄〉去！》。遇到丑陋的负面新闻，冷嘲热讽，嬉笑怒骂，毫不留情，将其赤裸裸暴露在光天化日之下，如《松香拔毛与雁过拔毛》。

亚旺写的评论文章篇幅都不长，但含金量大，寓意深刻，耐人寻味。有的文章标题就富有哲理性，如《先擦亮眼睛，再投入感情》《有感于客路人不当"看客"》《本地姜也辣》《电子眼"弃暗投明"好》等。恰如匕首不长，但战斗力强。

亚旺的新闻评论写得生动活泼，有声有色。他避免了写评论虽然讲得头头是道，但一本正经、枯燥乏味的通病。多年来，他坚持贯彻了自己的"可读性、趣味性、哲理性"三合一原则，受到读者欢迎，增强了报纸的理论厚度和战斗力。

亚旺写的随笔与其评论作品风格近似，但更生活化，更接地气，题材有雷州半岛的地域特色，所以更显轻松活泼。亚旺负责副刊的时间比较长，他写的随笔，支撑起其所编副刊的"海风""感悟""观海长廊夜话"等优秀专版、专栏。

书稿中还有部分内容是"新闻探索"，是一些新闻业务研究论文。这部分内容专业性、理论性较强，反映了作者对新闻业务理论的钻研探索轨迹和心得体会，也是衡量其新闻业务理论水平的文本。

写评论是新闻编辑的看家本领之一。亚旺新闻生涯中大部分时间在当编辑。文如其人，亚旺性格平和，做事认真踏实，作风严谨，有团队合作精神，与同事关系和谐。他不是一出手就使人有惊艳感觉的那种人，但总能出色完成任务，不出大差错，叫领导放心。他兢兢业业 20 多年，任劳任怨，对新闻事业执着专一，从无二心。由于人手少，晚上回编辑部加班已成亚旺的常态。曾因为新同事未熟悉业务，亚旺每晚帮其编版。因为工作繁忙，压力大，休息少，他的身体健康都受到影响，但他仍二十年如一日，不计回报，默默奉献。其实，一个报社就需要一批这样的员工。依靠这样的员工，事业才能长盛不衰。

詹亚旺的努力结出了丰硕成果，这些年，他获奖的新闻作品很多，其中有数篇荣获广东省新闻奖一等奖、二等奖，这在地市级报社中当属很优秀的成绩。詹亚旺也已获得新闻系列高级职称，成为报社中层领导骨干。

借此机会，实话实说，祝詹亚旺再接再厉，与时俱进，新闻事业更上一层楼。

2023 年 3 月 18 日

（作序者系《湛江日报》原副总编辑、《湛江晚报》原总编辑、高级记者）

目录

序　旺哥说的是老实话

世事观澜

候鸟美，"追鸟人"更美 __003

奏响人鸟和谐共处的乐曲 __006

让文明行为"习惯成自然" __009

小游园：家门口的"诗和远方" __011

生蚝小镇与"蚝"情满怀 __014

水稻＋禾虫，绽放生态魅力 __017

生态宜居的密码是顺应自然 __020

喜见月饼"瘦身" __023

大自然是最好的老师 __025

穿救生衣去赶海，好！ __028

为村民挂牌认养树木叫好！ __031

创卫达人，传递强大"净"能量 __034

成功的关键是专注 __036

张琳，好一条硬汉！ __038

非遗：并非遗忘的文化乐章 __039

"治堵"先治陋习 __041

世事观澜

一种小吃，让人记住一个地方 __043

候车亭，应中看又中用 __045

司机要过美酒关 __047

电子眼"弃暗投明"好 __049

德怨两忘，恩仇俱泯 __051

治标总比不治好 __053

为了110更"灵" __055

突破"35岁"的怪圈 __057

110岂能当儿戏？！ __059

"小市长"能"代"得起吗？ __061

别让早恋太沉重 __063

向私彩烧一把"文"火 __066

"定点"取消与便民亲民 __068

"战地玫瑰"的可爱之处 __070

要文明，也要便民 __072

新女排，永不言败 __074

意志不能"下岗" __076

世事观澜

美容，勿搭上自己的老本 __078

报刊"减肥"，百姓减负 __080

为文明执法鼓掌 __082

"神五"升空，巨龙冲天 __084

"瓷"情可鉴 __086

后发"发"了 __087

月饼选美？买珠还椟！ __089

"世纪婴儿"一路顺风！ __092

本地姜也辣 __094

松香拔毛与雁过拔毛 __095

用"心"战胜"非典" __097

有感于客路人不当"看客" __099

私彩，精神鸦片也！ __101

先擦亮眼睛，再投入感情 __103

白醋是不能"白喝"的 __105

英雄，您慢走…… __107

英雄诞生并非偶然 __110

世事观澜

看吴川版《英雄》去！ __112

小心祸从"机"出 __114

强扭的瓜就是不甜 __116

杞人忧"梯" __119

保持风貌，从容反击 __121

望女成凤却成"疯" __123

慎防病从"膏"入 __125

随笔感悟

山稔酒 __129

石根山之"根" __133

湛江，令人感动的一瞬间 __135

说说湛江的魅力 __139

可燃冰与潜能 __142

"漂"出来的灵感 __144

组合的魅力 __146

野菊花 __148

蝉蜕 __149

一只萤火虫 __150

寂寞，让蚝如此美丽 __152

摘山稔的好处 __155

植树的收获 __157

饿虎扑食，抓住机遇 __159

勇往，方能直前 __162

自信，弱点变强项 __164

随笔感悟

鸡腿与感恩 __167

打开一扇沟通的大门 __170

亲身经历不能省略 __172

张弛有道，生活更美好 __174

别让"忙"字偷走你的亲情 __176

过好"自己"这一关 __178

请保留一份善心 __180

"熨"平困难，成功就手 __181

成功的密码是态度 __183

张扬自信，处变不惊 __185

幽默就是力量 __187

旁观者清 __189

错中求正，反败为胜 __191

风物长宜放眼量 __193

选择专一，终获成功 __194

困难最怕有心人 __196

适度距离产生美 __198

知足才能享福 __200

随笔感悟

在忍耐中积蓄力量 __202

独辟蹊径者，胜！ __204

信任的力量 __206

辟谣更需斗智 __208

"穷"出无穷力量 __210

梦想，创造的温床 __212

实力令人更有气质 __214

羞辱，是一剂振奋剂 __216

思路一转，黄金万两 __218

大胆地往前走 __220

感谢对手的激励 __222

用爱心充盈空巢 __224

精细成就未来 __226

挑战陌生，收获成功 __228

当机要立断 __230

甩掉包袱，迈向成功 __232

以柔克刚，赢得主动 __234

新闻探索

浅析新媒体审稿把关 __239

采访文化人物经验谈 __246

让新闻插上诗歌的翅膀 __254

谈谈通讯"散文化"的写作体会 __264

谈独家新闻的采写 __271

浅谈新闻小评论的写作 __278

后记 __284

世事观澜

候鸟美，"追鸟人"更美

据 2022 年 11 月 24 日《湛江晚报》报道：11 月 18—19 日，湛江市爱鸟协会 4 名水鸟调查员和 9 名志愿者组成调查队，兵分四路，在雷州湾滩涂开展鸟类调查工作。时隔 4 年，"神话之鸟"中华凤头燕鸥再次现身，其美丽身姿被调查队摄取。

做"追鸟人"（水鸟调查员），可领略大自然的壮丽风景，可与各种候鸟"打交道"，表面上看，十分潇洒风光，实际上干的却是一件苦差事。为了搜寻重点监测鸟类的踪迹并做好数量记录和拍摄工作，他们常常要背负数十斤重的设备，在泥泞中步行几个小时。他们既是摄影师，又是跋涉者，更是生态保护者。做"追鸟人"，要做到"四得"：首先，要"跑得"，要追到鸟儿，追出成果，身体素质一定要好；其次，要"识得"，懂得追鸟的技巧和爱鸟护鸟的相关知识；第三，要"忍得"，观鸟拍鸟要控制情绪静默操作，不惊吓鸟儿；第四，要"做得"，需及时整理相关数据和图文视频资料，为写科研报告打下基础。做"追鸟人"，要眼观六路耳听八方，耐得住寂寞，顶得住雨淋日晒，敢于面对自然风险挑战。对"追鸟人"来说，只要坚持不懈去追求，总会享受成功的喜悦。

一幅幅候鸟翩翩起舞、细细觅食的画面，一段段鸟儿嬉戏、展翅飞翔的视频，一个个实地监测、来之不易的数据，一份份凝心聚力、精心撰写的科研报告，是"追鸟人"不遗余力、孜孜以求的作品。感谢"追鸟人"把我们带进湛江红树林湿地这个"候鸟天堂"，让我们欣赏了缤纷多彩的鸟类世界，见识了勺嘴鹬、黑嘴鸥、黑腹滨鹬、中华凤头燕鸥等珍稀鸟类。

笔者虽不是"追鸟人"，但近年来也有一些追鸟、观鸟的经历。一天清晨，笔者携带两部相机，在官渡石门海湾的海堤上守株待"鹭"，想拍摄白鹭在红树林间起舞的镜头。等了一个多小时，尚不见目标出现，以为白跑一趟了。"扑扑扑"，突然，一群白鹭从红树林里扑腾而起，笔者赶紧按下数码相机的快门，可惜快门有点延缓，错过了精彩镜头。眨眼间，白鹭已飞向海堤附近的虾塘。趁白鹭忙于觅食之际，笔者悄悄靠近虾塘边，用相机拍下白鹭觅食、飞舞的镜头。一个冬日，笔者去雷州邓宅寮村采风。在文友家的院子里，笔者无意间看见一棵柚子树的枝条上，并排坐着6只小鸟。它们没有欢叫，没有交谈，只是你挨着我，我挨着你，在享受惬意的宁静，享受冬阳穿过树叶的温暖……此情此景，令人陶醉，笔者轻轻地按下了手机快门。追鸟、观鸟、拍鸟，虽然有时会碰上好运气，"踏破铁鞋无觅处，得来全不费功夫"，但"理想很丰满，现实很骨感"的情况也时有发生。一个个展现鸟儿萌态倩影的精美镜头的背后，是"追鸟人"无数汗水和心血的结晶。

候鸟在天空飞过，本来没留下翅膀的痕迹，但"追鸟人"捕捉了它们展翅翱翔的最美瞬间。候鸟之美，美在亮丽的羽毛，美在轻盈的舞姿，美在呆萌的体态；"追鸟人"之美，美在清澈有爱的心灵，美在锲而不舍的毅力，美在默默无闻的奉献。

为湿地喝彩，为生态放歌。候鸟美，"追鸟人"更美！

（原载 2022 年 11 月 28 日《湛江晚报》第 6 版，这是为"快评"版"瑞云湖论道"专栏写的评论，内文有改动）

奏响人鸟和谐共处的乐曲

据 2022 年 11 月 18 日《湛江晚报》报道：11 月 17 日，渔港公园内，一位市民坐在长椅上吹奏萨克斯。悠扬的旋律在公园内回荡，小鸟在演奏者面前的草坪上跳来跳去，好像在欣赏这美妙的旋律，伴随着乐曲翩翩起舞。

乐曲悦耳动听，鸟儿翩然伴舞，好一幅人鸟和谐共处的画面！感谢摄影记者的敏锐抓拍，为我们定格了这个美妙的瞬间。无独有偶，笔者刚刚看到这个动人的画面，正为之欣喜之际，又收到一位家住赤坎的文友的微信：今早，一只美丽的戴胜鸟来敲我家的窗门……可以想象，这位文友肯定是幸福感满满、诗兴大发了。近年来，我市不断加大城市园林绿化建设力度，市区绿化覆盖率与日俱增，生态环境越来越好。公园里、小区内、人行道上，时时闻鸟啼，处处见鸟影。很多市民感觉到，如今的鸟儿都很大胆、很亲人。笔者也觉得，生态文明最直观的体现，就是"鸟与人为邻，人与鸟为友"。人鸟和谐共处，乐也融融。

同在蓝天下，人鸟共家园。笔者所住的小区属金沙湾片区，小区的水池旁有一棵大榕树，这是小鸟的音乐殿堂。每天清晨，这些大自然的歌手，都会准时唱起清亮甜润的歌儿。笔者每天上早班从不怕睡过觉，因为这些"小可爱"就是大自然的闹钟。前些日子，笔者到海东新区闲逛，那里有条大马路车水马龙，十分热闹。走在一条种着大叶榕的人行道上，笔者突然听到几声清脆的鸟鸣。抬头一看，一个鸟窝就筑在笔者头顶上方的树杈上，触手可及。笔者踮起脚尖往鸟巢一看，只见里面蹲着4只毛茸茸的雏鸟，呆萌呆萌的。那一刻，我真佩服鸟妈妈的大胆，把它们的家安得这么低矮、这么暴露。小鸟为什么不怕人？因为人们早已把小鸟当朋友，不再骚扰和伤害它们，而是为它们安家落户提供舒适安宁的环境。与人为邻，小鸟们无忧无虑，活得潇洒，过得舒坦，令人艳羡！

古人云：与人为善，与物为春。意思是说，对人对物，都要和善相向，给对方以春天般的温暖。与人为善、与物为春的人会让身边的人觉得很温暖，会让周围的环境变得非常和谐。只要心存善念，宽容豁达，善待世间万物，有的小动物就会感知你的友善，就会亲近你，和你交朋友，甚至做出一些令你叹为观止的举动。

鸟类是人类的好朋友，爱鸟护鸟是人类的美德，亲鸟互动更是人鸟和谐共处的"天花板"。鸟儿欢歌起舞，是鸟儿的幸福；观听鸟儿载歌载舞，是人们的幸福。幸福是可以共享和传递的。人们吹奏乐器，鸟儿不请自来，应声伴舞，以旋律为名，人和鸟都陶醉在欢乐和幸福之中。人和人可成为知己，人和鸟也可成为知音。

　　大自然是一个天然的大舞台，万类四时竞自由。让我们尊重自然、顺应自然、保护自然，让更多人鸟互动相欢的精彩多多上演，奏响人鸟和谐曲，共唱生态欢乐歌！

　　（原载 2022 年 11 月 21 日《湛江晚报》第 7 版，这是为"快评"版"瑞云湖论道"专栏写的评论）

让文明行为"习惯成自然"

　　笔者所住的小区在金沙湾片区，是赤坎区首批实行垃圾分类并安放垃圾屋的试点之一。刚开始实施垃圾分类时，街道免费派发绿、黑、红三色塑料袋，分别贴有"可回收垃圾""厨余垃圾""有毒垃圾"标签，小区居民大都按要求将垃圾分类入袋并投入垃圾屋。值得点赞的是，即使后来街道不派发三色塑料袋了，不少居民也一直保持着分类投放垃圾入垃圾屋的好习惯。赤坎区的做法和经验在全市推广。

　　垃圾分类涉及千家万户，在推广实行中要不断完善，不断提高。笔者建议相关部门，可考虑在一些小区投放智能垃圾分类小屋（窗门可自动感应开关），并配上有感应水龙头的洗手池。这样，小区居民投放垃圾后可即刻清洗双手，确保卫生。此外，可在垃圾屋旁设置现场督导员，引导并帮助居民按要求分类投放垃圾，保持投放点干净整洁。

　　目前，湛江创建文明城市的力度正在不断加大，已进入攻坚阶段。所谓攻坚，就是要攻一些文明创建中难啃的硬骨头，攻一些需要进一步完善的地方，攻一些容易反复"回潮"的老大难问题。而实施攻坚行动，需要我们广大市民身体力行、大力支持和深度配合。

从市民的角度来说，助力文明创建，自觉自律最为关键。一个人如果有了自觉性，其文明行为就能习惯成自然。讲文明，贵在坚持和坚守，弘扬正能量。这样才能竖起一面旗帜、一个标杆，让一些想实施不文明行为的人感到不好意思，从而"紧急刹车"，自觉告别不文明行为。

文明，是一座城市的内在气质，赋予城市发展生生不息的力量。文明城市，始于市民文明习惯的养成，而文明习惯又是文明观念的行动体现与延伸，城市文明细节、市民文明素质全都体现在一件件不起眼的日常小事上，体现在长期形成的习惯之中。

勿以恶小而为之，勿以善小而不为。让我们的行为时时处处散发着文明的温度、文明的魅力！让我们一起做文明创建的践行者、传播者！

（原载 2022 年 11 月 7 日《湛江日报》第 7 版，这是为"新闻＋融合"版"文化茶座·文明创建大家建大家谈"专栏写的评论）

小游园：家门口的"诗和远方"

据 2022 年 10 月 13 日《湛江晚报》报道：近日，广东省投资项目在线审批监管平台发布了《湛江市发展和改革局关于湛江市市区小游园建设项目（市园林处 7 个小游园）可行性研究报告的公示》（后文简称《公示》）。《公示》显示，湛江拟投资 2000万元对市区的幸福小游园、怡福广场侧游园、寸金二横路小游园、紫荆园、桥兴园、康顺小游园和百果园共 7 个小游园进行改造。可以预见，这些小游园改造竣工后，将更加赏心悦目，更加亲民便民，更加温馨可人。

近年来，湛江市区一批各具特色的小游园相继建成，让市民出门就可享受到综合性公园的运动和休憩功能，不断为市民提供娱乐休闲的微空间。小游园，原本是城市景观的配角，而通过改造建设，正逐渐成为城市生活的主角，满足了市民的生活需要，更传递出城市的民生温度。它是街头巷尾最动人的底色、最温暖的亮色，带给人们更多的获得感和幸福感。

建小游园的最大好处，就是将城市建设中剩余的"边角料"

空间有效利用起来，以最小的投入，进一步完善城市功能布局，改善城市面貌，提升城市品质。如果把城市比作一个家，那么公园、广场、小游园就是这个家的客厅。小游园虽是"小客厅"，却连着大民生。它的最大功能是休闲，最大优点是近和方便。置身小游园，市民可以惬意地休闲娱乐，感受城市给他们带来的宜居与美好。

有人说，生活不止眼前的苟且，还有诗和远方。其实，寻找诗意生活，不一定非要长途跋涉、舟车劳顿不可，因为小游园让推窗见绿、出门进园的这种"诗和远方"的生活变得触手可及，在家门口就能实现。

笔者所住小区附近有个小游园叫金叶园，位于赤坎海滨大道北和军民路的交会处。从小区到小游园，步行仅需5分钟即到。小游园里树木葱茏，榕树小道浓荫匝地，紫荆树下安放健身设施，绿化好是它的特色。笔者常常去那里做引体向上，拍摄一些特写镜头。这里不仅是健身休闲的好地方，也是能酿造诗情画意的地方。有一天早上，笔者买早餐途经小游园，突然看见一束阳光从榕树茂密的枝叶间倾洒下来，给花树涂抹上柔和的金色，美极了！笔者将手机摄像头正对着阳光，按下了快门。一看照片，不禁喜出望外：这束阳光七彩缤纷，竟长出了5片长长的"花瓣"，且又似一个天然的大吊扇，真是一幅难得的巧遇之作！一个阳光明媚的春日，笔者在去小游园的途中，看见路树小叶榄仁长出无数嫩叶，一片鹅黄，不是花却灿烂如花……于是，在这个小游园，一首小诗《灿烂了，我的路树》从笔者的脑海里蹦了出来。

如果把大公园比作一篇洋洋洒洒的散文，那么小游园就是一首清新雅致的诗。一个个小游园串联起美丽的诗行,给周围居民带来美丽的风景,更带来畅快的生活体验。

(原载 2022 年 10 月 21 日《湛江日报》第 7 版,这是为"新闻 + 融合"版"城事热议"专栏写的评论,标题有改动)

生蚝小镇与"蚝"情满怀

　　据 2022 年 10 月 12 日《湛江晚报》报道:目前,坡头区以"官渡生蚝小镇"项目为平台,开展省级"一村一品、一镇一业"专业村镇认定工作,创建省级生蚝农业产业园,并进一步建设集康体娱乐、文化休闲、海鲜美食、购物、民宿于一体的多元化"官渡生蚝小镇"文旅项目,打造粤西地区休闲旅游观光特色景点。

　　官渡是著名的蚝乡,官渡生蚝洁白肥大、肉质爽脆、味道鲜美。石门海湾布满密密麻麻的蚝桩、蚝排,那里是蚝的家园、蚝的世界,是官渡蚝的正宗发源地。石门海湾属河海交汇处,水的咸淡程度适中,微生物十分丰富,故蚝的品质特别优秀。此外,三角村、新村村等附近海域出产的生蚝也相当出色。

　　官渡有个海鲜市场十分独特,别的海鲜市场都是品种琳琅满目,令人眼花缭乱,它却非常专一,只卖一种海鲜——生蚝。市场里摆着几十个卖蚝档,每到生蚝收获季节(每年冬至到翌年清明时段),常常是"蚝"气冲天、人声鼎沸。这就是三角市场之生蚝市场,这里将被升级改造为"蚝"情满怀一条街。在这条街上吃到的都是正宗官渡本地炭烧生蚝，原汁原味，蚝香四溢，让人满满的都是舌尖上的快意！

多年来，官渡的生蚝产业比较单一，只做一种相对原始的生意——卖鲜蚝（蚝肉或带壳蚝)，没有打出一套"组合拳"。因此，官渡蚝虽有一定的名气，但始终没有形成集群辐射的品牌效应，因而生蚝产业的整体效益还是不够高。可喜的是，坡头区成立了官渡生蚝产业振兴三年计划工作领导小组，规划建设以生蚝为主题，结合生蚝养殖、精深加工、流通、服务为一体的特色主导产业，创新性建设一、二、三产业融合发展的乡村振兴示范带，打造具有坡头特色的文旅商深度融合产业示范带集群。目前，"蚝"情满怀一条街的升级改造和官渡生蚝小镇的建设正在紧锣密鼓地推进中，让人充满热切的期待。

打造"蚝"情满怀一条街、官渡生蚝小镇，是以生蚝为要素，融入大文旅开发战略。此举正好切合了官渡生蚝产业的特色和优势，可发挥文旅商融合发展的强大集聚效应，因地制宜、特色发展、与时俱进，是促进当地经济社会高质量发展的有效途径。

建"蚝"情满怀一条街和官渡生蚝小镇，就是要"蚝"字当头，"蚝"情满怀，凸显蚝的特色，写好蚝的文章，彰显蚝的魅力，擦亮"官渡生蚝"的品牌，进一步打响官渡生蚝的知名度和美誉度，做大做强生蚝产业。

晚上闲逛"蚝"情满怀一条街，享受风味独特的全蚝宴，选购蚝豉、生蚝风味小吃和蚝壳画等文创产品；白天坐蚝船游碧波荡漾的万亩蚝田，看生蚝是怎样长成的……可以预想，待"蚝"情满怀一条街升级改造竣工、官渡生蚝小镇建成之日，以生蚝之名笑迎八方来客，官渡镇将是客似云来，热闹非凡。"食靓蚝，去官渡。"官渡将成为湛江新的网红打卡点。

随着生蚝小镇建设步伐的逐渐推进，生蚝这种风味独特的海鲜，将令官渡镇产生日新月异的蝶变，将给官渡镇带来风生水起的强劲活力。正是：生蚝小镇聚力建，官渡美名更远扬！

（原载 2022 年 10 月 14 日《湛江晚报》第 7 版，这是为"快评"版"瑞云湖论道"专栏写的评论）

水稻 + 禾虫，绽放生态魅力

2022 年 9 月 19 日，广东省农业技术推广中心在吴川市吴阳镇投放第一批 150 万尾禾虫幼体，开启"水稻 + 禾虫"生态高效种养试点。（据 2022 年 9 月 27 日《湛江晚报》）

见到这篇报道，笔者不禁满心欢喜，拍手叫好。以前，禾虫只能野生繁殖，数量稀少。近年来，禾虫育苗关键技术被攻克，禾虫养殖产业突破了季节性强、成活率低和产量低的瓶颈，亩产收益有了很大提升。

专家指出，禾虫与水稻是一种共生关系，腐烂的稻根和茎叶可为禾虫提供营养，水稻根系和中空的茎可为禾虫输送氧气；禾虫以土壤微生物和有机碎屑为食，可减少水稻病害发生，禾虫钻洞可松动土壤，其粪便是优质的有机肥料。人工养殖禾虫，投入成本低，且能实现禾虫增产、水稻品质提高，属"低进高出"的水产养殖项目。

禾虫是环境指标生物，一旦有农药化肥或工业污染，它就不能存活。人工育苗的禾虫能栖身稻田，在稻田实现自由生长，这说明当地的生态环境质量持续向好。

生态稻田，其实就是一个大自然的工厂，除了生产金灿灿的稻谷，还能产出禾虾、田埂鱼等多种天然食品。因地理位置所限，笔者家乡的稻田没有禾虫，但禾虾却是虾满为患。童年时，每逢大人割稻之时，笔者和几个小伙伴总爱守株待"虾"，每次都收获满满。禾虾肉质爽脆，用炭火煨之，清香诱人，令人垂涎三尺。当年，家乡的稻田还盛产田埂鱼，每逢下大雨，村民都能用"鱼狗"（一种篾制的捕鱼工具，口部喇叭状，尾部小）捕到很多田埂鱼。后来因滥施农药化肥，田埂鱼就销声匿迹了。想吃一顿纯天然的田埂鱼，只能在梦中偿愿了。几年前，笔者和友人去高州采风，午间，在友人亲戚家吃田埂鱼送粥。吃完，笔者手抓相机直奔稻田而去。其时，稻禾正在抽穗扬花，田沟里的水很清澈，一尾尾田埂鱼正在游来游去……

禾虫是一种富含高蛋白的生物，味道鲜美，有多种食疗作用，深受"吃货"青睐，养殖前景广阔。笔者期待，吴川市试养禾虫取得圆满成功，走出一条新型的创富之路，推动乡村振兴和农业高质量发展。祝愿"水稻＋禾虫"的经验和种养方法在湛江乃至粤西推广开来，让绿色生态的天然魅力惊艳绽放，让广大民众享受更多生态福利。

笔者以前写过一篇随笔，里面写道：有鱼眼吃，就是幸福的人。现在，笔者想说，有禾虫吃，就是幸福的人。因为，吃禾虫的人，在享受口福的同时，享受着绿色发展带来的生态福利。

让禾虫回归，让禾虾回归，让田埂鱼回归……绿色生态的田野，是希望的田野，是幸福的田野！

（原载 2022 年 9 月 28 日《湛江晚报》第 6 版，这是为"快评"版"瑞云湖论道"专栏写的评论）

生态宜居的密码是顺应自然

据 2022 年 9 月 11 日《湛江日报》报道：吴川市王村港镇米楼村，近年来创新发展思路，践行生态优先理念，大力建设文明新村，成为当地美丽宜居生态村之一。

米楼村，顾名思义，就是"有米又有楼的村庄"。而实际上，由于地少贫瘠，该村种不出多少稻米，却"种"出了不少楼房。因过去村场缺少统一规划，米楼村整体建设显得杂乱无章，且污水横流，路烂水臭，在很长时间内，该村给人的印象是"只见新楼不见新村"，颇有点只可远观而不可近赏的意味。所谓"不见新村"，就是虽有新楼撑着门面，但村场里却脏乱差，整体未达到生态宜居的要求，新面貌没有真正显示出来。好在该村的有识之士——外出乡贤们看到问题症结所在，从 2018 年开始，带头捐资发动筹款，带领村民对村场进行一系列"生态美容"：硬化村道，建污水处理池，建森林公园；逼仄无路处变得曲径通幽，光秃污臭处变得绿地生香，村前村后低洼地建花栏护墙……

昔日脏乱使人愁，如今宜居乐悠悠。米楼村这个小山村摇身一变，成了生态宜居的新农村，其美丽蝶变的密码在于：尊重自然，顺应自然，保护自然。米楼村地处一个小山坡，原始村道弯曲狭窄，拆建难度十分大，但此次改造减少大拆大建，依山就势硬化村道，不伤害村民之间的感情。改造在求新求变的同时，不忘做好"古旧"文章：修葺破旧的古建筑，保护古迹文化；保护村场的古树名木；对所有没拆掉的旧墙古屋，或就地改造，或添上墙绘，进行美化亮化。米楼村地处坡地，于是改造就着"步步高"的地势来整体谋划，细细"绣花"。

米楼村变高了、变亮了、变香了，道出了乡村生态宜居的真谛：生态宜居，应着力在"宜"字上做文章、下功夫，因地制宜，因势利导，遵循人与自然和谐发展的规律。米楼村的经验和做法告诉我们：建设生态宜居美丽乡村，不能一味靠大拆大建推倒重来，靠建多少栋新楼夺人眼球，而是要根据当地村庄的自然生态实际和财力状况来进行。总之，要体现自己村庄的特色，而非千篇一律——像同一个"粒模"敲出来的样子。

生态宜居是乡村的幸福所在、魅力所系、永续所基，是乡村振兴的前提，也是乡村振兴的内在要求。村容整洁是一个村庄的起码要求，村容整洁侧重于外表的干净整洁，而生态宜居则更加注重人与自然和谐共生，是对村容整洁程度的质的提升。建设生态宜居美丽乡村，要科学把握美丽乡村建设和经济发展之间的辩证关系，努力实现相互促进，让两者相得益彰，实现自然之美与人文之美、传统之美与现代之美的有机统一。

米楼村当前正在掀起新一轮建设热潮，全面提升乡村风貌，创建美丽旅游山村。一个生机勃勃的生态文明新村，正在展示其独特的魅力。在此，笔者祝愿米楼村村民，吃着甘蔗上楼梯——步步高来步步甜！祝愿湛江涌现越来越多的生态文明新村！

（原载 2022 年 9 月 19 日《湛江日报》A06 版，这是为"新闻＋融合"版"城事热评"专栏写的评论，内文有改动）

喜见月饼"瘦身"

　　2022年8月起，月饼"瘦身令"正式实施，我市的月饼市场情况如何？连日来，记者走访湛江各大超市、商店，发现今年的月饼包装和价格都"瘦身"了不少，口味也非常出彩，引来市民的一片点赞好评。（据2022年9月7日《湛江晚报》）

　　多年来，关于月饼包装，是人们年年喊"瘦身"但它却年年"肥胖"依旧，月饼过度包装成了消费者诟病的"顽疾"。

　　月饼"瘦身"难的原因是什么？一言以蔽之，是利益在作怪！饼价不够饼盒来凑，似饼非饼混装销售，演出一幕幕喧宾夺主的大戏。

　　月饼是用来吃的，不是用来炫的。被称为史上最严"瘦身令"的《限制商品过度包装要求——食品和化妆品》新规于2022年8月15日正式实施，加之有关部门联合发布遏制天价月饼的公告，今年的月饼包装有了一定简约化的改观，价格虚高现象也大幅减少，市面上超过500元红线的盒装月饼难觅踪迹。正是，月饼包装"瘦身"了，其价格就"虚胖"不起来，天价月饼自然销声匿迹。

虽然今年月饼包装的层数减少了，普遍不超过 4 层，但我们还是要防止一些隐性的过度包装。近日笔者发现，有些品牌月饼的铁盒包装，其 1 千克装的铁盒和其他品牌 2 千克装的铁盒几乎一样大，这其实就是过度包装，只不过，它巧妙地隐形了。此外，还须重点关注混装问题，即月饼与其他商品特别是高价商品混装。销售主体主要集中在高档酒店、大型宾馆以及部分平台，这也是市场监管部门下一步监管和执法的重点对象。

当什么时候月饼不再靠身穿华丽的外衣而"华"众取宠，而是靠厂商把主要精力花在丰富月饼花色品种、改善月饼口感风味、增强月饼文化内涵上，那月饼就能真正返璞归真，回归自然。

期待月饼包装年年流行简约风，不求外表奢华、花里胡哨，但求内里味道纯正，始终如一。月是故乡明，饼是"便装"好。删繁就简去浮华，回归食品之本真。只有这样，中秋团圆、赏月品饼才更有意义！

（原载 2022 年 9 月 8 日《湛江晚报》第 8 版，这是为"快评"版"瑞云湖论道"专栏写的评论）

大自然是最好的老师

　　近日，多家省、市级媒体报道，近年来，广东以建设全国自然教育示范省为目标，积极推进自然教育工作。目前，广东已建设省级自然教育基地 100 个，其中在湛江市范围内的"广东省自然教育基地"有广东湛江红树林国家级自然保护区等 5 个，高桥自然教育径则入选"广东省特色自然教育径"。

　　看了上述报道，笔者的内心十分兴奋，不禁哼起了一首儿歌："芦叶作喇叭，青竹当骏马，小朋友快快来，骑上竹马走天下……"童年时那一幕幕置身大自然、拥抱大自然的情景又浮现在眼前。我村是一个小山村，虽地处偏僻、交通不便，却生态优美、空气清新。村子四周竹林环绕，竹林中有多棵高大的野山竹树、野荔枝树；后背岭长满郁郁苍苍的桉树、松树；南面有一口小池塘，榕树的枝干横跨塘面，浓荫遮盖，是垂钓的好去处。笔者没上过幼儿园，但大自然就是笔者的幼儿园。在这个天然的幼儿园里，笔者有三大收获。一是度过了欢乐的时光。钓塘鲺抓五须虾，装田塍鱼捉禾虾，抓竹虫摘山竹，溢荡朗朗的笑声。二是锻炼了自己的胆量。钻山沟捉迷藏，爬大树摘野果，踩禾机脱谷粒，勇于尝试挑战自我。三是学会了劳动技能。插秧、割禾、晒谷，掘番薯、挖芋头、砍甘蔗，或砍柴劈木、养鸭牧鹅、铲草喂牛，感受劳动的真谛。

在当今飞速发展的互联网时代，大多数孩子与山川、森林、溪流和原野天然隔绝，有的甚至畏惧大自然。爱默生说："培养好人的秘诀就是让他在大自然中生活。"大自然是一本活生生的、厚厚的教科书，里面充满了神奇的事物和迷人的乐趣；大自然又是天然的实验室，能让孩子们尽情发挥自己的创造力，并调动身体的多个器官，激活他们的视觉、嗅觉、味觉、触觉和听觉。自然教育就是要训练孩子的眼力、专注力并增加他们的自然知识与经验，去感受大自然的奥妙与完美，从而学会欣赏自然、尊重生命，激发想象力、创造力，提升运动能力、社交能力。

自然教育是一个自然而然的过程，大自然是最好的老师，"山水林田湖草沙冰"就是最好的课堂。不用枯燥乏味的说教，只需亲身细细去体验。走进大自然，亲近大自然，你就会发现，大自然原来是那么可爱，有那么多宝藏。自然教育还有一个特别的好处——可以培养一个人从小热爱劳动的品质。从2022年9月起，中小学劳动课升级为独立课程。多组织学生走进大自然，让他们从大自然的熏陶中萌发"劳动最光荣""劳动最可贵""劳动最幸福"的种子，大有裨益。

大小朋友们，让我们多走进大自然，探寻它的奥秘，感受它的魅力吧！读万卷书，行"自然"路，应当成为我们的追求！

（原载 2022 年 8 月 15 日《湛江晚报》第 6 版，这是为"快评"版"瑞云湖论道"专栏写的评论）

穿救生衣去赶海，好！

2022年以来，徐闻县和安镇的镇党委、镇政府针对赶海安全问题作出规定，明确：所有赶海人员必须穿救生衣，船主必须拒载、驱离不穿救生衣的赶海人员，对违规船主作出相关处罚；并组成专门工作组，在全镇范围内加强巡逻宣传，把相关规定落到实处，确保赶海群众的生命安全。（据2022年4月26日《湛江晚报》）

赶海，湛江本地方言叫"趁海""捉海"等。赶海，不外乎两个目的：一是凑热闹，大家三五成群，谈笑风生，图的是快乐；二是求收获，可捡到新鲜美味的海产品，自用或售卖均可。近年来，赶海已成为一种网红休闲方式，有些旅行社抓住人们"返璞归真，回归自然"的心理，将赶海纳为跟团游项目。

和安镇海岸线较长，海岛众多，沿海滩涂盛产沙虫、海螺、八爪鱼等海产品，每天都吸引不少群众前往捕捞采集。群众对赶海的热情，可以用"争先恐后"来形容。据报道，和安镇参与赶海的群众当中，有本地人，也有外来人。其中有相当多是不熟悉海况、不懂水性的，安全隐患非常明显。因此，和安镇党委、政府审时度势，出台了"赶海必须穿救生衣"的硬性规定。这是一个很接地气的决策，它把人民群众的生命安全放在首位。和安，和安，确保社会和谐平安，和安镇此举值得点赞！

赶海，最大的安全隐患是溺水。引起溺水的原因主要有两个"不"：一是不熟悉当地海况，有些沙滩表面十分平整，实则下面暗藏沟坎，人一旦陷进去就容易发生意外；二是不懂水性，不懂水性的人，在乘船出海或归来时，若船发生侧翻，也易出意外。有些没有赶海经验的游客贪恋捡东西，不知不觉等到开始涨潮了，来不及回撤，容易被困在沙洲或礁石上而被海浪扑倒，如果水性不好，就会造成呛水或溺水。还有一种安全隐患，就是意外摔伤或被贝壳（蚝壳）割伤。

海鲜诚可贵，安全价更高。穿救生衣去赶海，在给赶海者套上一个"紧箍咒"的同时，也使赶海者切实多了一份安全保障。赶海，赶的是速度，赶走的是隐患，留下的是安全。祝愿在和安镇赶海的人们更加英姿飒爽！赶海的日子更加丰足美好！

说起赶海，笔者有过一次历险。几年前，曾去硇洲岛看别人赶海，主要看渔民在礁石上撬取蚝仔。其时，笔者穿着一双拖鞋在礁石上行走，边走边用相机拍摄海滩风景。突然，右脚打滑，一脚踩空，眼看整个人就要往布满锋利蚝壳的礁石重重摔下去！好在笔者反应快，双脚迅速往上弹跳，整个人腾空而起，待双脚即将落到礁石时，右手迅速用雨伞支撑礁石，保持了身体平衡，终于双脚平稳站在礁石上。结果，人和相机无事，只是报废一把雨伞而已。有惊无险！

在此，笔者提醒各位市民：赶海有风险，充分做准备；海滩千万个，安全第一位！祝赶海的你：赶出好心情，有海量收获！

（原载 2022 年 4 月 27 日《湛江晚报》第 8 版，这是为"快评"版"瑞云湖论道"专栏写的评论）

为村民挂牌认养树木叫好！

75亩原生态林拥抱遂溪柴埠村，村民挂牌认养守护这片绿。被认养的树木有专人浇水、施肥、除草，如出现因灾害死亡现象则及时更换死株，村民和外出乡贤纷纷响应。（据2022年4月19日《湛江晚报》）

公园里的树木挂着认养牌的多，但村庄里的树木挂着认养牌，笔者还是第一次见闻，为柴埠村村民挂牌认养树木叫好，为他们发自内心保护生态环境的行为鼓掌！

此刻，笔者为柴埠村的树木感到幸福，因为它们被村民视为掌上明珠，细心呵护，百般宠爱。同时，笔者也为柴埠村的村民感到幸福。"绿树村边合，青山郭外斜"，他们天天被满目葱茏的绿意拥抱，推窗见绿，出门见绿，劳作见绿，休闲见绿，沉浸在生机勃勃的绿色世界中。坐拥这座有超高浓度负离子的天然大氧吧，门迎春夏秋冬绿，户纳东南西北风……柴埠村，是真正的绿色家园！浸润绿色、享受绿色、欣赏绿色，柴埠村村民真是令人艳羡！

"我想去柴埠呀,我想去柴埠,到了柴埠村的时候放慢我脚步。浓绿抱村呀,赏心又悦目……"寂静夜晚,清风怡人,笔者情不自禁哼起了一曲《我想去柴埠》。

一个村庄,不是说建了多少幢别墅灿灿然而显得"高大上",只有做到了生态宜居、乡风文明,才是真正意义上的"高大上"。要实现乡村振兴,生态宜居是关键。因为良好的生态环境是农村的最大优势和宝贵财富。只有尊重自然、顺应自然、保护自然,推动乡村自然资本加快增值,才能实现百姓富、生态美的和谐统一。

20世纪50年代末,柴埠村的那片原生态林曾遭破坏,但后来村民自发封林育树,老林重获新生。村里制订护林禁约,严禁砍树伤林,村民宁愿外出几公里远拾柴,也不损坏林里的一枝一叶。这就是柴埠村村民的可贵之处。村民已把树木奉为可尊可敬的"宝",而不是简单粗陋的"柴"。

看了柴埠村的生态美,笔者想到了自己的老家。老家是一个偏僻的小山村,20世纪90年代以前,全村竹树环绕,泥竹青翠,大树参天。竹林中有10棵野生山竹树、5棵大榕树、30多棵桂木。后来,村人或进城工作,或搬到镇上居住,村子成了名副其实的"自然村"。村中的泥竹被人连片砍光,山竹树被人连根挖走……笔者近日回乡一见,虽满眼皆绿,但以杂树灌木居多,没有竹林和大树的装扮,老家缺少了灵动的气质。抚今追昔,着实令人慨叹不已。一个地方的生态环境,无论它是多么天生丽质,也离不开人们持之以恒的后天呵护,方能青春永驻,魅力长存。

树木,筑起绿色屏障,防风固沙,守护村庄安宁;树木,打造"绿色工厂",碳汇出色,制造新鲜空气;树木,积蓄绿色财富,可见可拥，人人必须珍惜。

爱树护树，是一种美德，也是一种风尚。树好人好，人逢绿树精神爽；村美人美，乡风文明风范传！

（原载 2022 年 4 月 20 日《湛江晚报》第 8 版，这是为"快评"版"瑞云湖论道"专栏写的评论。于 2022 年 4 月 21 日被人民网的人民科技官方账号"人民融媒体"转载）

创卫达人，传递强大“净”能量

在创卫（创建国家卫生城市）过程中，湛江涌现出一批“创卫达人”。他们不计报酬，默默奉献。他们的行动，影响和带动了一批批市民加入创卫志愿者的队伍，传递了强大的“净”能量。

创卫，现在是湛江最火热、最时尚的词语，“创卫达人”成了引领时尚的人。为了一睹“创卫美眉”余君婷的风采，不少市民曾到霞山步行街“偷看”她打扫卫生。这位“创卫美眉”的美，美在她的认真细致，扫地从不放过一片树叶、一根牙签、一点纸屑。从我做起，从身边做起，从现在做起——“创卫达人”给我们树立了榜样。尤伯、麦叔、庞姨……这些“创卫达人”的可贵之处在于：积极主动、宣传发动、持之以恒。他们的行动，给湛江创卫注入了缕缕春风；他们的行动，让湛江创卫亮点纷呈。“创卫达人”的不断涌现，创卫队伍的不断壮大，是创卫事业持久有效的保证。

创卫，让街面变得整洁，让交通变得顺畅；创卫，让工地清洁有序，让河流荡浊还清；创卫，让乱摆乱卖销声匿迹，让城市管理跃上新台阶；创卫，让湛江人更加注重自身文明，让湛江的美誉度进一步提升。

湛江的创卫，犹如正在拍摄一部叫《湛江美》的纪录片，"创卫达人"就像一个个群众演员，尽心尽力演绎真我的本色、真我的风采。创卫不但美化了环境，而且净化了心灵，市民的文明素质正在不断提高。湛江风光美，湛江人更美！

向"创卫达人"致敬！

（原载 2014 年 4 月 29 日《湛江晚报》第 5 版，这是就"湛江实时·话题"版《创卫达人　城市因你更美丽》写的评论）

成功的关键是专注

读完肖越海的故事，心底不禁涌出一句："犀利！高手！Very good！"肖越海为什么能越洋过海，在美国的名牌大学里左右逢源，还发表诸多论文并出版专著，最关键的原因是两个字：专注。一个人如果专注做某一件事，往往就事半功倍，反之则事倍功半。你看，因为专注，他的英语顶呱呱；因为专注，他的文字功底够深厚。专注这件法宝，为他遨游知识的沧海，提供源源不断的动力。

曾有多位小学生的家长向笔者诉苦："我儿子活泼好动，上课爱搞小动作，爱和邻桌说话，做作业一边写一边玩玩具。""我儿子是'马虎大王'，老是写错字，写错单词。""我女儿很少开口读英语，有时在家叫她读，她说在学校已经读过了。"……事例很多，总而言之，就是不够专心，不够认真，不够刻苦。据笔者了解，这样的现象还相当普遍呢。"记得快，忘得也快"是时下大多数小学生的通病。跟遗忘较量的武器是什么？是"炒冷饭"！不断温习，不让知识这碗饭变冷——是温故而知新啊！

成功之路千万条，各人走法不相同。试问捷径有几许，勤者自有心路通。小朋友，多下些功夫专心学习吧，不要浪费如今这么好的学习条件。巴金爷爷说过，"学习时认真学习，玩时尽情地玩"，让我们以此共勉。

（原载 2012 年 11 月 11 日《湛江晚报》第 10 版，这是就文化版通讯《他，遨游在知识的沧海——在美国攻读博士的湛江才子肖越海的故事》写的评论，标题有改动）

张琳，好一条硬汉！

未列奥运名单，无缘伦敦奥运，对于游泳名将张琳来说，无异于六月天时遭遇冰雹袭击！好在张琳游出了心底的阴暗区，走出了心情的沼泽地，向着新的目标阳光灿烂地进发。

"一鼓作气，再而衰，三而竭。"对于一名运动员来说，气只可鼓而不可泄。飞人刘翔，2008 年北京奥运因伤退赛，经受了很多痛苦和压力，但他不放弃、不泄气，时隔四年，王者归来！张琳有"水中刘翔"的美誉，他是否从"陆上刘翔"那里取得了低谷奋起的"心经"？他的一句"我的年龄并不大，我有什么理由放弃"，有如爆竹爆响，响出了坚定不动摇的信心，响出了坚持到底的决心！

"烦恼向东流哇，心中的目标向巴西奥运哇……"张琳，让笔者为你高歌一曲《硬汉歌》！

（原载 2012 年 6 月 27 日《湛江晚报》第 29 版，这是就体育版消息《张琳：没想过退役　新的目标：巴西奥运》写的评论）

非遗：并非遗忘的文化乐章

聊起傩舞艺术，彭英方手舞足蹈；说起飘色秘诀，黎明眉飞色舞；谈起制狮舞狮，李荣仔头头是道；话起网龙魅力，黄车炳滔滔不绝……

他们的眼神，是对非遗艺术何等的虔诚；他们的言辞，是对非遗文化何等的执着；他们的行动，是对非遗传承何等的坚决。

弘扬非遗文化，是这些非遗传承人的神圣工作。国家级传承人、省级传承人每人每年均可获得一定的补贴，这体现了国家、地方对非遗保护工作的重视。

非遗除了需要政府加大扶持力度外，更需要建立社会的认可度，多层次、多角度加大对非遗的宣传力度，让更多人认识和了解这些灿烂的文化。非遗保护，应在继承传统、保持独特性的基础上不断创新，融入现代时尚元素，为更多年轻人所接受和喜爱，让非遗更具生命力，这是湛江市一些非遗专家达成的共识。

笔者认为，非遗能走产业化的一定要走向产业化，不能走向产业化的，要重点保护好。我市应把非遗保护工作纳入各县（市、区）本级国民经济和社会发展规划，并将保护经费列入财政预算。同时各级文化部门要切实承担起非遗保护的具体责任，在普查认定、记录建档、传承传播、服务保障等多方面发挥好作用。

此外，如何让非遗产生蓬勃的生命力，使其能够自给自足，而不仅仅是依赖扶持，就成为一个值得探讨的新课题。

目前，国内一些省市已将产业化作为非遗保护的一种重要方式。如对一些非遗项目配以电视制作、动漫设计、软件开发，进行产业化发展，让非遗得到最大限度的利用。湛江非遗所呈现的独特性、多样性和深厚的文化底蕴，使其天生就是重要的旅游资源，应加大开发利用的力度。

沐浴着"文化春雨"采访非遗，暗合着我们的一段心曲：这是我们并非遗失，也并非遗忘，而且还要一代代传承下去的优秀传统文化乐章！

（原载 2012 年 4 月 1 日《湛江晚报》第 11 版，这是为文化版"文化春雨"栏目稿件写的评论）

"治堵"先治陋习

近几天来，笔者晚上6点多从学校接小孩回家，途经广湛路口，一向通畅的渠化路口，在下班高峰期，车辆也塞得像一锅粥，想过马路只好等上10多分钟。这真是令人感叹不已。几年前，湛江市民还在说外地大城市塞车很厉害，湛江的交通很顺畅呢，如今，湛江也与"堵"字结缘啦。

交通拥堵，实在是广大市民出行的一块心病。要想缓解交通拥堵，除了政府及相关职能部门采取相应措施之外，市民还需要提高自己的文明出行意识。

"宁停三分，不抢一秒"，对于广大司机来说，这句话可谓耳熟能详。然而，在日常出行中，为抢一秒而衍生的口角或险情却并不鲜见。据笔者观察，有些市民喜欢冲红灯的原因有二。一是一些非法营运的摩托司机遵循"时间就是金钱"的"金科玉律"，横冲直撞。在他们眼里，不管哪个十字路口，都是一直亮着绿灯的！其二，一些市民等红灯时，认为别人冲过去了，自己不冲会很没面子。

要有效缓解市区的交通拥堵问题，不在于交通部门的缓堵措施有多少，而是广大市民都能把文明出行的意识扎根在心里，同时将不文明行为当成"过街的老鼠"，人人都鄙视交通陋习。如此，交通拥堵才能从根本上得到有效缓解。

（原载 2011 年 12 月 20 日《湛江日报》A12 版，这是就"邻边"版《南宁下猛药"治堵"》写的评论）

一种小吃，让人记住一个地方

"记得买些手信回来哦！"碰上同事出差，总有人会这么叮嘱一句。

这里说的"手信"，不外乎当地小吃、土特产之类。手信虽小，其功用不可小视。

外出旅游者，大都有这么个习惯：除了看看风景，大饱眼福外，还喜欢逛逛小吃店，游游美食街，吃得尽兴后，还要买些可随身携带的风味小吃、土特产。近日，笔者和朋友各携一家大小，前往阳江沙扒镇游玩，那里有一种远近闻名的小吃叫糖番薯。其做法很简单，先把番薯块放到油锅里炸至金黄，再浇上刚刚煮好的白糖浆，洒上一些椰蓉。顷刻间，清香扑鼻，令人垂涎三尺，食之则酥香可口，齿颊留香，意犹未尽。返程时，一向不大爱吃番薯的儿子，直嚷着要糖番薯，笔者便一连打包了好几盒。回家后，我们除自己享用外，还作为手信送给邻居。

沙扒，原本是一个名不见经传的海滨小镇，除了海鲜，给它作免费广告的就是糖番薯、琼脂等小吃。于是乎，大批外地游客（尤以珠三角地区游客居多）蜂拥而来，让小镇热闹非凡。一种小吃，让人记住一个地方，"食过返寻味"，小吃的作用可真不小！

"相约祖国大陆最南端"，这个招牌我们湛江打了好多年，但说句老实话，湛江能让游客坐下来"叹"的小吃有多少，能带得走的手信又有多少？其实湛江的小吃并不少，田艾粄啦，烂镬炒粉啦，炭烧生蚝啦……五花八门。但我们的小吃档只是游兵散勇，还未做到成行成市。看看人家海口，已将小吃纳入产业化经营的轨道了。在羡慕别人的同时，是否觉得：我们守着特色珍品却冷落了大好资源！该怎么办？是仅仅追求每年一届美食节的短暂效应，还是建立小吃"根据地"——建美食街、开连锁店，统一规范管理，唱响湛江的名头，让游人既可"叹海鲜享美味"，又可"带手信慰亲朋"。湛江的美味佳肴一旦勾住了游客的嘴，就不愁没有客源。

（原载 2011 年 11 月 10 日《湛江日报》B8 版，这是就"邻边"版《海口探索小吃产业化之路　集约连锁经营　小吃香飘更远》写的评论）

候车亭，应中看又中用

记者 2010 年 9 月 4 日上午在椹川大道发现，整条大道候车亭的遮阳篷十有八九"漏洞百出"，破烂得让人目不忍睹，既不方便市民避阳候车，也有损城市形象。

笔者是"骑士"一族，平时很少坐公交车，对候车亭了解不多，看了报纸后，也特意去体验一番。昨天上午 11 点多，笔者骑着自行车沿着椹川大道察看一番，果真如记者所言，那些候车亭（完好的）的顶部太单薄了，只是覆盖着一层薄薄的绿色塑料板（此前，笔者还以为是钢化玻璃呢），在阳光的照射下，呈透明状态。不少市民在候车时为了避晒，只好站在候车亭背后的阴影里。

说句老实话，本地多数候车亭从原先采用钢筋混凝土制作的庞然大物，摇身变成今天采用新材料制作的"纤巧小姐"，外观确实亮丽了许多，但是，光有光鲜的外表还不够，还须经久耐用。作为候车亭，不但要遮阳，还要挡雨，更要抗风，给市民、游客营造一种温馨、安全的氛围。

透明候车亭，外观亮丽，但"很美很闷热"。笔者希望，相关部门在建设和改造候车亭的时候能够因地制宜，设计出更人性化的候车亭。不管用何种材料，都应做到能遮阳挡雨，且"身骨硬朗"，既中看又中用，这才是市民的最爱。

（原载 2010 年 9 月 7 日《湛江日报》A03 版"时评"专栏）

司机要过美酒关

俗话说，"英雄难过美人关"，在酒席上则是"司机难过美酒关"。其实，不少司机是知道酒后驾驶的危害性的，但是盛情难却，手中的酒杯还是端了起来，照样干了。要过美酒关，就必须掌握几道"拒酒秘方"：

一、心中常备拒酒词。面对"感情深一口闷、感情浅舔一舔、感情铁喝出血"之类的劝酒词。作为司机不妨也准备几套说词：只要感情有，喝啥都是酒；司机一杯酒，亲朋两行泪……如果不见效，不妨讲一些酒后驾驶酿惨祸的故事或段子，故事越精彩越好，以转移和分散敬酒者的注意力。

二、耐心解释来拒酒。近日，笔者和几位朋友聚会。酒席上，几个人热情劝一位司机朋友喝酒。这位司机朋友并不气恼，十分真诚地向在座的各位讲解了酒后驾驶的巨大危害和严重后果，还举了几个活生生的例子，说得有情有理。在座的听了，就不再劝他喝酒了。所以，笔者认为，如果遇到劝酒者，一定要保持清醒的头脑，耐心解释酒后驾车的严重危害，晓之以理，动之以情，相信大多数人是会理解你的良苦用心的。

三、直截了当效果好。比如，笔者的饮酒原则是：开车不饮酒，饮酒不开车。面对大家的热情相劝，笔者一般是这样声明的：首先，我今天是开车来的，不能饮酒，希望各位多多包涵；其次，现在交警正在严查酒后驾驶，如果查到醉驾一律拘留 15 天，你们不希望明天到拘留所里看我吧！由于直截了当，把饮酒产生的危害在不知不觉中给大家作了一次警示，大家在说笑间也就默认了笔者说的话，通常就不会有人再劝笔者喝酒了。

（原载 2009 年 8 月 25 日《湛江日报》A03 版"时评"专栏）

电子眼"弃暗投明"好

市"两会"期间，市政协委员建议，今后我们不管是流动电子眼拍摄，还是固定电子眼拍摄，都要公示，进行阳光执法，要让人们对警察的形象有所改观，改善执法环境，减轻执法压力。（据2009年2月27日《湛江日报》）

笔者认为，此建议忠实反映了民情民意。从本质上讲，交通违法处罚的目的不是为了处罚而处罚，而是为了维护正常的交通秩序，避免、减少交通事故的发生。交警提醒司机不违法行车，对司机每一次违法行为及时执行处罚，对司机也是一种警示教育。但电子眼藏于隐蔽角落拍摄交通违法行为，就违背了处罚的初衷和目的，沦为交管部门涉嫌"创收"的手段，损害了交警公正执法的形象。

电子眼"弃暗投明"，既可充分保障司机的知情权，又可增加交管部门的管理透明度，而且还能有效消除二者之间的猜疑与不信任，营造一个和谐、互信的交通管理环境与井然有序、安全畅通的交通环境。

现代法治理念强调从"以管为本"走向"以人为本"，让电子眼"弃暗投明"，可以说体现了以人为本的理念。

（原载 2009 年 3 月 3 日《湛江日报》A03 版"时评"专栏）

德怨两忘，恩仇俱泯

岳飞和金兀术——历史上他们是死对头，不共戴天，水火不相容也；他们的后人也恪守祖训，"老死不相往来"，互不通婚，将一笔陈年老账年年延续，代代相传。他们的住地虽然仅相距几十公里，却横亘着道道鸿沟！沉重呀，这一本写了800多年的恩怨情仇录！而如今，岳飞后人与金兀术后人终于跨越了历史的鸿沟，蹚过了历史的冰河，杯酒释前嫌，把祖祖辈辈积蓄了数百年的恩怨忘掉，共建团结和谐！

"度尽劫波兄弟在，相逢一笑泯恩仇"，鲁迅的诗句正是岳飞后人与金兀术后人握手言欢的最好刻画。这是一部活生生的共建和谐社会的好教材，尤其是对于如何防止宗族械斗、建设社会主义新农村有特殊的借鉴意义。

现代社会，节奏加快，竞争激烈。你喜欢争强斗狠吗？你总是心有不平吗？你有"此仇不报非君子"的愤恨吗？

你要知道，敌人、仇人，都可以激发你的潜能，成为你的贵人。

你也要知道，许多仇、怨、不平，其实问题都出自你自己。

你更要知道，这世间最好的"报复"，就是运用那股不平之气，使自己迈向成功，以那成功和成功之后的胸怀，对待你当年的敌人，且把敌人变成朋友。

冤冤相报何时了？能做到相逢一笑泯恩仇，就是双赢！

《菜根谭》说："怨因德彰，故使人德我，不若德怨之两忘；仇因恩立，故使人知恩，不若恩仇之俱泯。"意思是说：怨恨都会因为行善而更加明显，所以与其让人感谢我的德行，还不如让别人把赞扬和怨恨都忘掉；仇恨都是因为恩惠而产生的，所以与其让人知道我的恩惠，还不如让别人把恩惠和仇恨都忘掉。

行善不留名、施恩不图报，德怨两忘，恩仇俱泯，这才是豁达大度的良好心态。

只有忘掉过去的是是非非、恩恩怨怨，我们才能轻装上阵，把握现在，展望未来。

（原载 2007 年 3 月 16 日《湛江晚报》C22 版，这是就《岳飞、金兀术后人首次聚首共话团结和谐》写的评论）

治标总比不治好

"三八"妇女节刚过，看了这篇报道——《火车站设女性购票窗口引争议 防性骚扰治本之策何在？》，顿觉女性购票窗口充满人性的关怀，是对女性的一种尊重。

"性骚扰"一词源于美国，是强加于人的性宣泄的统称。1974 年美国首次出现控告性骚扰案件，如今性骚扰已成为现代文明社会中的一个全球性问题。在如何防止性骚扰上，世界各地的招数可谓五花八门。如日本、墨西哥、泰国等国，采取了节假日列车加挂女性专用车厢，地铁前两节车厢专供妇女及其携带的 12 岁以下儿童乘坐，下午 4—7 时高峰期推出带有鲜明红色标记的女性巴士等措施。

性骚扰之所以如今成了一个世界性难题，是因为它介于违法和道德缺失的行为之间，很难界定其法理上惩罚的切入点和执法尺度。故而，性骚扰只会止于人们道德文化素质的普遍提高、有关反对性骚扰的法律法规趋于完善、社会处于高度和谐的状态。缺乏这当中的任何一个前提条件，性骚扰都不可能远离我们。

55

555555555

5555555

55555555

　　春运，只能用"挤死了"来形容它的壮观场面。在人群中挤过的女性，就犯了愁：挤吧，体力不支，还有可能被人占便宜；不挤吧，就买不到票。而女性购票窗口一设立，便使众多女性旅客很大程度上远离了性骚扰，此举值得肯定，也值得推广。

　　有人说，此举治标不治本，但对比国外，人家"治标"的力度比我们还大得多呢！惩治性骚扰，可谓"路漫漫其修远兮"，既然全世界目前都没有一种通用的"治本"好办法，那么现阶段就只能广开"治标"的门路。一句话：治标总比不治好！

　　（原载 2007 年 3 月 9 日《湛江晚报》C22 版，这是就《火车站设女性购票窗口引争议　防性骚扰治本之策何在？》写的评论）

为了 110 更"灵"

《好汉歌》中唱道:"路见不平一声吼啊,该出手时就出手……" 它说的是见义勇为。而对于拨打 110 报警电话来说,同样有一个什么时候该"出手"的问题。

湛江市公安局 110 指挥中心自 1997 年 1 月 1 日成立以来,以接警迅速、处警及时赢得了群众的信赖。但是目前骚扰电话日趋增多,远远超过了有效接警量。据统计,2004 年 1 月湛江市 110 共接报警电话 99 395 起,属警情类的仅 4 933 起,属求助类的 1 090 起,无效报警电话 93 372 起,其中骚扰报警 89 001 起。在这些无效报警电话中,部分是无意误拨的,但大多数是故意骚扰的。

因为职责所在,人民警察必须认真对待每一个来电,但这么多骚扰电话,不仅造成人为占线,而且牵扯了大量警力,影响了日常接处警质量。一些群众常常抱怨:110 的动作太慢了! 殊不知,民警正是被这些骚扰电话拖得团团转。

设立 110 的初衷,主要是提高公安机关打击现行违法犯罪活动、处置各类突发事件的快速反应能力，更好地打击犯罪、维护治安，同时为群众提供快捷、有效的解决"急、难、险"问题的综合服务。然而令公安机关始料不及的是，良好的初衷被某些人滥用了。一些人把 110 当作"万金油"，连钥匙不见了都找 110。武汉就曾发生过"懒汉不愿起床，民警代买早点"的个案，此事在当地引发了一场大讨论——这个警究竟该不该出？

日常生活中，人们都领教过塞车带来的"连锁反应"。同样的道理，110 线路常常"塞车"的话，将是什么后果？也许在你随意拨打 110 占用线路时，正有人流着鲜血等待救助。110 是社会治安保障的绿色通道和生命线，我们应善待它，把宝贵的时间留给那些真正需要帮助的人们。

为了 110 更"灵"，笔者呼吁：拨打 110，该出手时方出手！

（原载 2004 年 3 月 29 日《湛江晚报》第 6 版，这是就《110 拒绝骚扰》写的评论）

突破"35 岁"的怪圈

看了《湛江晚报》2004 年 3 月 8 日的消息《四十岁大姐揾工记》后，笔者对那位女士多次求职未果深表同情。其实，大龄求职难早已成为特有的"35 岁"现象，只有迎难而上，拿出"年轻 10 岁"的心态和勇气，才能成功地求职。

如今年龄成了求职无法逾越的鸿沟，几乎所有招聘广告都要求"35 岁以下"，仅这一条，就让许多求职者吃了闭门羹。

然而，大龄求职者也有他们的优点，比如经验丰富，能吃苦耐劳。所以在求职过程中，大龄求职者应善于展示自己优秀的一面：有工作经验、责任感比较强、实事求是、对待遇不作过多要求，这样推销自己，成功率要大些。此外，最好还能对所从事的专业比较熟悉，一上岗就能独当一面，不需要再进行额外的培训和指导。在用人单位看来，大龄求职者，一般缺乏专业技术，知识面窄，这确实也是大龄求职者身上存在的问题。因此，如何扬长避短，是大龄求职者所要把握的关键：

首先，应聘心态要平和。有不少大龄求职者被拒之门外后，消极悲观，自暴自弃。笔者认为，在这种情况下，最关键的是要调整好心态，不要一方面急于找到一份工作，另一方面又怕别人瞧不起自己，畏于找工作。因而，迈出心理这道坎，相信自己还能有所作为，从而积极推销自己，至关重要。

其次，写简历要有针对性。对用人单位而言，一般要求35岁以下的人要有创造性，所以更关注应聘者在市场开拓、产品开发等方面的能力；对较大年龄的求职者，用人单位则希望详细了解其身体状况、在以前单位的工作经验等。所以大龄求职者在制作简历时，应考虑用人单位对自己的关注点。

第三，应聘要求切勿苛刻。对于求职者而言，用人单位能提供全面的保险和福利那是最幸运的了。但是用人单位往往会考虑用人成本的问题，一般情况下不会将所有的待遇一下子都端到求职者面前。

第四，不要倚老卖老。大龄求职者不能自恃以前待遇如何如何，而将自己的要求凌驾于用人单位的能力之上，这样用人单位会敬而远之。

大龄求职者只要能摆正自己的位置，放下架子，利用优势，全面衡量用人单位提供的条件，找一份工作还是有机会的。

不过，话也说回来，光有一些求职技巧还不够，最紧要的是"有料到"。因为，一般说来，时下这个年龄段的人大多数学历为高中甚至初中毕业，文化知识水平偏低，缺少专业技术。这正是大龄求职人群再就业的瓶颈。故而，大龄求职者要给自己"充电"。不管你是下岗还是失业，只要自身的技术、文化水平得到一定的提高，就可以适应有更高要求的工作。

（原载2004年3月11日《湛江晚报》第2版"热点冷思"专栏）

110 岂能当儿戏？！

《湛江晚报》2004 年 2 月 16 日头版《警情播报》中提到：今年 1 月份，湛江全市 110 共接到报警电话 99 395 次，属警情类的仅 4 933 起，属求助类的 1 090 起，无效报警电话 93 372 起，其中骚扰报警电话 89 001 起。

茶余饭后聊天时，笔者常听到这样一句话："110 的反应真是慢得很……"笔者原以为是公安机关的作风有问题，如今看了《警情播报》方恍然大悟：110 "塞车"太严重了！

古有周幽王为博褒姒一笑而"烽火戏诸侯"，最终导致亡国；今有湛江一些市民无端拿 110 取乐。结果会怎样？线路堵塞，忙音不断，造成 110 反应缓慢……这省略号代表的意思不用说大家都会明白。跟 110 开玩笑，无异于助纣为虐！

为什么会出现骚扰 110 的现象呢？据笔者观察，主要有三种原因：无知类、取乐类、玩耍类。

一些市民不知道区分 110、120、119 等电话，一遇到险情即张冠李戴，乱拨一通；一些人为了取乐，虚报警情，令警察空折腾一番；还有就是大人管教不力，让小孩误拨。这三种情况必须减少，110才能快速反应，力挽狂澜，化险为夷。

110报警服务台接处警工作分为受理报警、受理公众求助和受理公众投诉三种。一方面公安机关要积极予以宣传，一方面市民也要多加留意，只有互相配合、互相呼应，110这把"尚方宝剑"方能危难之处显身手！

110报警服务台是群众向公安机关报警求助的重要渠道，同时也是公安机关为民服务的重要窗口，市民有义务爱护、支持110报警服务台的工作。希望市民注意以下五点：一、由于110报警服务台每天要受理成百上千个的报警求助电话，线路十分繁忙，若不是当时发生的紧急案件、事件，请向发案地的公安机关报案；二、发现火警最好直接拨打119，通过110转接会延误一定的时间；三、当自己发生（发现）交通事故时最好直接拨打122报警；四、在教会子女怎样拨打110报警求助的同时，也要教导子女无事不要随意拨打110；五、要如实报告警情，不要谎报警情甚至恶意骚扰110报警服务台的正常工作。对故意骚扰者，公安机关一经查实将根据情节轻重给予处罚。

（原载2004年2月19日《湛江晚报》第2版"热点冷思"专栏）

"小市长"能"代"得起吗?

2004年2月2日《湛江晚报》六版"焦点新闻"报道：某市某些部门将于今年3月份联办"小市长"评选活动，在全市少年儿童中选拔出给市长提建议、为孩子说话、为孩子办事的"小市长"。5名"小市长"将在今年"六一"上岗。

不难看出，组织选拔小市长的出发点是好的，是想为孩子们做点实事，但笔者认为此举弊多利少，主要体现在两点：一是所谓"小市长"有名无实，即没有权力，不能真正帮助孩子解决问题；二是"小市长"还是孩子，他（她）的主要任务是学习，而不是处理那些只有成年人才能解决的事务。

诚然，组织规模宏大的选拔活动，从某种程度上能捧红几颗"小星星"，但其他众多的"小星星"却连闪烁一下的机会都没有！小市长的名额只有区区5名，几个孩子得到了机会，可是还有很多优秀的孩子可能因为在这项活动中落败而一蹶不振。那个杭州班上"选美"不是提供了一个反面教材吗？而且，是不是孩子最了解孩子们的意愿呢？答案不一定是肯定的。笔者认为，最了解的应该是有判断能力、关心孩子成长的人。虽然孩子们也能够了解一些秘密，但是那些要求是否正当，思想是否正确，还应该交由父母、老师判断。此外，说选拔几个孩子就能进一步提高本市儿童的生活质量和教育水平，这未免也太天真了！如果真想了解孩子的想法，大可以星期天在市政府门前放上一张办公桌，带上纸和笔，会有孩子和你谈想法的。

"'小市长'的职权就是成为本市儿童的代言人，与市领导及有关部门面对面交流，反映儿童生活、教育、娱乐、健康、环境等各方面的问题……"这更令人费解。且不说孩子的任务就是学习，他们没有精力来做这些事情，就是有精力，他们又有这个能力吗？

现时社会上流行一种"浮躁病"：公务员要想了解企业情况，就让他们去做企业员工；交警要想了解司机的苦和累，就要去开几天车；要想了解孩子们的心理，自己做不了孩子，就去找代言人。难道我们了解情况真的只能用这样的办法？其实，想让孩子来个换位思考，还不如组织一个"假如我是市长"的演讲大赛呢！

教育孩子是实打实的工程，而不是靠搭些花架子就能坐享其成。如今社会上"选美"风潮泛滥，评选"小市长"，名为树立榜样和造福小公民，实则挂羊头卖狗肉！这样的活动当休矣！

（原载 2004 年 2 月 17 日《湛江晚报》第 2 版"热点冷思"专栏）

别让早恋太沉重

《湛江晚报》2003 年 12 月 29 日六版《学生情侣"男女搭配"上课不累？》报道了北京 171 中学张琳老师首创"情侣同桌防早恋"的做法，收效不错，但争议颇大。

有位作家说过，早恋是一朵带刺的玫瑰，我们常常被它的芬芳所吸引，然而，一旦情不自禁地触摸，又常常被无情地刺伤。

早恋是少男少女们所产生的过早恋爱的现象，一般发生于 20 岁之前。这个时期的孩子，由于年龄局限、涉世未深，缺乏必要的思考能力，更多的是跟着感觉走。看到异性的突出表现，如学习好、长相好、有特长等，往往会产生倾慕之情。这时如果把握不住，便会走进情感误区，产生早恋。

家长们呢？他们也深知早恋的危害，平时对孩子与异性的交往管得很严，一有蛛丝马迹就要查个水落石出。这本无可厚非，只是不少家长方法欠妥，总把中学生当成小孩，不尊重孩子的人格，私拆子女的信件，查看日记，偷听电话；一旦发现子女早恋，更是大动干戈，拳脚相向，棍棒交加，让人心寒。

老师阻止学生早恋的原因是怕影响学习，担心他们过早发生性关系。学校处理早恋问题往往也用简单粗暴的压制法：写检讨书、停课、处分、广播点名、公开情书……这些做法使孩子感到强烈的屈辱和压力，结果呢，有的孩子表面顺从，却将憎恨埋在心底，有的由"公开"转入"地下"，最坏的是在重重压力下，自暴自弃，悲观失望，最后走上逃学、出走甚至自杀的道路。

据调查发现，过早或随便发生性关系的青少年恰恰是那些被严格限制与异性交往的，或缺乏家庭温暖和关怀的孩子。可见，正确对待早恋是非常重要的教育课题。

其实，男生女生在一起，并不是家长想象的那样"亲密接触"。早恋时，或许他们有肉体和性接触的意向，但不一定都付诸实践，相当多的早恋少年满足于温馨的情感交流和卿卿我我的言语交流。青春期的孩子对异性有一些朦胧之感，这是再正常不过的事情了，这说明孩子长大了，不再处于对男女的无知状态中，对自己的性别有了认同，对异性也产生了强烈的认识欲望，这与寻求数理化知识没什么两样。为此，家长应该鼓励孩子与同学广泛接触。在群体交往的过程中，既能消除孩子对异性的陌生感，又可防止单独来往的意外。学生时代的交往是成年后交往的基础，家长不要幻想这时候不交流，大了自然就会交流了。

尽管青少年的爱情是纯洁美好的，但对于早恋，还是必须持之以恒地反对。为此，应对青少年进行正确的教导，使他们了解青春期发育和卫生保健的知识；教育他们积极向上，自尊自爱；鼓励他们放眼长远，心无旁骛地读书。

笔者"口水花"飞了那么多，旨在希望各位同学理智地对待自己的感情，好好地珍惜它，使它成为学习中的动力，在一片相思的等待中更加成熟，更加懂得爱的真谛。

（原载 2004 年 1 月 6 日《湛江晚报》第 2 版"热点冷思"专栏）

向私彩烧一把"文"火

私彩，有如《西游记》里的妖风毒雾，不但蔓延迅速，而且花样百出。新鲜出炉的"猜十二生肖"，就如一个用罂粟壳粉做馅的大烧饼，令不少人垂涎三尺，趋之若鹜，意乱情迷！

私彩之所以散发着诱人的"魅力"，是因为它每期都设置了若干小奖让人猜中，人一旦初尝甜头，便会被它牵着鼻子步步深入，越买越大，不惜一掷千金，一抛万金；但到头来却是"千金散尽不复来，长使彩民泪满襟"！

大凡赌者，贪字作怪也！想博博手气，想"今天枕着枕头睡，明天拿银纸当被盖"，想一箱箱用私彩票捆绑的人民币从天而降……想呀想，一厢情愿地单相思！庄家其实是一个专骗你钱财的"媒婆（媒公）"，她（他）把私彩介绍给你，其实私彩并不爱你，而是你为"彩"所困，因钱而迷，苦苦相思而已！

愁啊愁，愁的是本期没中奖或没中大奖！有道是，"抽刀断水水更流，举杯消愁愁更愁"，拿自己的血汗钱去塞私彩这个"狮子口"，真是欲壑难填。打私彩等于输掉财！

　　要使彩民或悬崖勒马，或爬出泥潭，除了政府有关部门"恰似台风扫寰宇"式的铁腕整治外，还要有"随风潜入夜，润物细无声"的软性教育。吴阳梅花诗会以诗歌的形式教育人们勿沉迷私彩，走勤劳致富之路，以凛凛诗风激浊扬清，形式新颖，令人拍案叫绝！现时颇兴文艺下乡，何不借小品、话剧、流行歌曲等群众喜闻乐见的形式，揭露私彩的假面具、真危害？

　　冰冻三尺，非一日之寒。要融化人们对私彩顶礼膜拜的心灵冰山，"文"火慢炖比武火急攻往往更透骨、更入脑！

　　（原载 2003 年 12 月 18 日《湛江晚报》第 2 版，这是就《如椽大笔扫私彩》写的评论）

"定点"取消与便民亲民

《湛江晚报》2003年12月13日头版《定点照相全部取消》提到：我市群众办理身份证、出入境证件时，只要所提供的相片符合标准，公安机关即予采用，而无须再到指定相馆照相。

虽然湛江取消定点照相是克隆广州的做法，但笔者还是从心底里高呼一声：此举克隆得好！举双手赞成！照相无须定点，百姓享受方便，这是政府和有关部门的务实、亲民、便民的举措。

过去，公安部门把办身份证、驾驶证、出入境证件所需相片的"摄影权"交给一些相馆，实行定点照相。这首先违反了市场竞争规律，其性质是"垄断经营"，不利于照相馆公平竞争。其次，助长一些被"点中"相馆的傲气，致使服务态度强硬有余而柔善不足。第三，百姓要舍近就远，没有选择余地，不便之处不言而喻。

推出定点照相这一规定，尽管有保证证照规范的理由，但说到底，也是一种行政垄断行为。公安部门能自省自纠，采取措施取消垄断，不仅大大方便了群众办证，改善了公安形象，在某些情况下也堵住了腐败之源。

在现实生活中，依附于行政权力的垄断行为还有不少，如某些公用事业部门规定用户购买指定产品、到定点企业消费，某些权力部门的定点检测、指定专营等，在不同程度上侵犯了群众的自主消费权利，既违背市场经济公平竞争原则，也损害了这些部门的社会形象。

解决类似的行政垄断问题，当然要通过深化改革，从体制上予以解决，也需要各部门自身以壮士断腕的精神，自觉同小团体利益决裂。否则，市场经济法则迟早会逼着你"自绝垄断"，到那时，付出的代价就大了。

（原载 2003 年 12 月 16 日《湛江晚报》第 2 版"热点冷思"专栏）

"战地玫瑰"的可爱之处

　　《湛江晚报》2003 年 12 月 1 日报道：凤凰卫视著名战地记者闾丘露薇 11 月 30 日与湛江读者、新闻界、网友进行了长达一个多小时的接触，面带微笑地回答了提问者提出的问题。

　　闾丘露薇曾露宿约旦与伊拉克边境，是全世界记者中唯一采访到战后第一批逃离伊拉克的难民的记者。3 月 24 日，闾丘露薇和摄影记者蔡晓江冒着生命危险成功进入伊拉克首都巴格达……

　　闾丘露薇曾三次进入阿富汗，是进入阿富汗的第一位华人女记者，且又成为进入伊拉克战地的中国记者第一人。一位美国著名传媒公司的总裁表示，闾丘露薇不仅是实时战地报道的全球第一位华人记者，也是开战之后返回充满战火的巴格达的全球媒体第一人。伊拉克战争举世瞩目，而作为战地记者的闾丘露薇更是吸引了全球电视观众的目光，并享有"战地玫瑰"的美誉。

　　作为新闻界同行，笔者最为敬佩的是——闾丘露薇成名后那种淡然处之的态度。当大家问她为什么会去战地采访时，她说，"这是我的工作""不是什么高尚的事""不能因为危险而拒绝不去采访"。而且她觉得这"就像非典暴发时，很多医务人员都去了抗非典第一线一样"。当大家问到当战地记者的感受时，她说："大家不要把'战地记者'安在我头上太久……我只是客串一下……"

有人说：不要把闾丘露薇捧得那么高，如果我是她，我也会去的！但笔者反问一句：你是否只是个"讲商"，在推销"口水花"而已，真正让你上战场时，你是否会"缩骨"走人？

战争是无情的，记者其实就是战争中的平民，随时都会踏上"屈头巷"的死路，随时都会遭遇"当炮灰"的悲壮。"战地玫瑰"之所以芬芳四溢，就因为她具有真正记者的品格。什么是记者的品格？除了秉持客观、公正、真实等基本素质外，还应该做到"哪里有新闻哪里就有我"，永远和新闻事件在一起。一个人一次不怕死并不难，难的是多次不怕死。这就是"战地玫瑰"的可爱之处。

闾丘露薇用特立独行的方式，展现了令人崇敬的精神，"战地玫瑰"别样灿烂！

（原载 2003 年 12 月 9 日《湛江晚报》第 2 版"热点冷思"专栏，文章内容有删节）

要文明，也要便民

　　《湛江晚报》2003 年 11 月 19 日头版"今日快镜"报道了 25 线公交车当日开通，从此方便军分区、双港村等地军民出行的消息……

　　以前，市区"扬手即停"曾风行一时。为什么？因为它便民。但在便民的同时，也带来了一些不文明的陋习，如中巴争抢乘客、堵塞交通等。如今为展现港城文明风貌，告别"扬手即停"本是好事，但毋庸讳言，在一些不靠近专线或的士少到的地方，告别"扬手即停"之后却给市民带来乘车的不便。这就有矛盾了：要方便却不文明，要文明却不方便。难道鱼与熊掌就不可兼得吗？

　　比如说，"两摩"非法营运是城市交通管理的一道难题，交警部门尽管竭尽全力，"摩托佬"照样搭客也，且跟交警玩起"猫捉老鼠"的游戏来。在这"游戏"的背后，我们应该看到这样一个事实：坐公交车便宜，打摩的较贵，但市民宁愿打摩的而不坐公交车。何故？因为在一些地方坐公交车不方便，不但要走一段很远的路才到一个站，而且还要等呀等。所以说，方便就是"两摩"搭客现象屡禁不绝的主要原因。

　　要搞好城市交通管理，应当借鉴一下大禹治水的策略：疏导为上策也。在现有专线的基础上多设一些上落站点，且多开设一些尽量延伸至社区、小区以及一些离椹川大道、人民大道、海滨大道三大干线较远的专线，这样既可方便民众，又可提倡司乘文明，何乐而不为？在便民的基础上讲文明，就容易习惯成自然，而且以人为本的交通管理会赢得市民好评。

　　"行者"的至高理想是什么？不用为寻找某种交通工具而左右为难，也无需为堵车塞车而心急如焚。这也是政府及有关部门追求的至高目标。

　　（原载 2003 年 11 月 21 日《湛江晚报》第 2 版"热点冷思"专栏，标题有改动）

新女排，永不言败

《湛江晚报》2003 年 11 月 17 日七版《17 年后第六次登顶中国姑娘大阪别样红》，报道了中国女排夺得世界杯冠军的消息。

历史有着惊人的巧合。22 年前，中国女排在日本夺得第三届世界杯女子排球赛冠军；22 年后，中国女排在夺冠"发祥地"再次发威，夺得第九届世界杯女子排球赛冠军！

时隔 17 年，女排姑娘们再次让国人重温了老女排五连冠时的辉煌和荣耀。

但在鲜花和掌声的背后，新女排走的是一条坎坷曲折的"苦寒路"。有悲伤有失望，但陈忠和以及女排姑娘们并没有放弃，他们用老女排的精神激励着，用刻苦的训练和深入的学习研究着提高着。历经风雨之后，中国女排终于在 2003 年 11 月 15 日回到了梦开始的地方。

老女排在完成五连冠伟业后，世界女排格局开始发生变化。在 1988 年汉城奥运会上，中国队在一局里曾被对手打成15：0。从此开始，中国队从五连冠的宝座上跌落下来。尽管中国女排一直不懈努力，但一蹶不振的局面并没有得到根本的改观。1992年巴塞罗那奥运会，中国女排跌到第七。在1994年巴西世界锦标赛上更是连遭重创，该输的输了，不该输的也输了，女排"历史性"地获得了第八名。此时，中国女排已不再是真正意义上的世界强队……

有一首歌儿唱得好："阳光总在风雨后，请相信有彩虹，风风雨雨都接受，我一直会在你的左右。"在过去的日子里，陈忠和和他的女排姑娘们相依相伴，他们共同经历了风雨，也迎来了阳光和彩虹。

老女排的"五连冠"精神，曾激励了多少人，而新女排十连胜、第六次登顶，她们百折不挠、顽强拼搏、低谷起飞的精神和勇气，照样是我们的宝贵精神财富。这就是新女排夺冠的含金量所在！当今社会是一个激烈竞争的社会，有了新女排的永不言败精神，成功就会离你不远了！

（原载2003年11月18日《湛江晚报》第2版"热点冷思"专栏）

意志不能"下岗"

    看了本土的黄雪玲和外地的赵英梅这两位下岗女工艰辛创业，最终获得成功的经历，笔者深受感动：她们真不愧为女中强者！

    无意中，笔者想到了美国康奈尔大学曾做过的一项煮蛙实验：将一只活蹦乱跳的青蛙冷不防丢进滚烫油锅里，千钧一发之际，它拼尽全力箭一般跃出油锅，死里逃生；而后把这只创造了奇迹的青蛙放进盛满同样多冷水的锅里，慢慢加热，青蛙在温暖的水里悠然游动，待其意识到危险逼近，欲再一展绝技时，却因筋疲力尽，失去爆发力，错过了逃生的良机，最终被活活煮死。这个著名的煮蛙实验给我们怎样的启示呢？

    人和青蛙一样，是有惰性的，往往在逆境中潜力才会得到充分发挥，因此下岗并非坏事。下岗使那些端惯了"铁饭碗"的人们释放出连自己也意想不到的能量来，重新找准自己的人生坐标，发现自己的人生价值；同时也使更多的在岗人员加倍珍惜就业机会，努力工作，大大提高工作效率，避免了机构臃肿，人浮于事，甚至吃"大锅饭"的不良现象,从而增强企业活力,重塑企业形象。

下岗了,如果一味怨天尤人,墨守成规而裹足不前的话,那他(她)就是永远的下岗了;苦闷之后猛然奋起,竖起自主创业的大旗,人生就从此变得更精彩!

"沉舟侧畔千帆过,病树前头万木春。"人下岗了并不可怕,可怕的是连意志也一起"下岗"。所以,无论人生之路如何变幻莫测,坚强的意志总是人的终生财富和无价之宝。

意志不"下岗",事业就成功!

(原载 2003 年 10 月 31 日《湛江晚报》第 6 版,这是就《下岗女工　成功有路》写的评论)

美容，勿搭上自己的老本

《湛江晚报》2003年9月23日头版报道《市消委会第三号消费警示　谨防"美丽陷阱"》，9月26日六版报道《整容，你想清楚了吗？》，10月2日二版《整容整成"植物人"后不治》，旨在提醒消费者在追求美丽的同时，切记安全第一。

爱美之心，人皆有之。但什么是美，没有一个定死的标准，比如，汉朝以赵飞燕的瘦为美，唐朝以杨贵妃的胖为美；过去农村人娶媳妇大多娶高大结实的，谓之"做得工"，城里人则多娶苗条秀气的，谓之"出得街"。但不管怎样，情人眼里出西施却是硬道理。时至今日，女人美的"公式"却越来越复杂了：什么"丰乳、肥臀、瘦腰"三位一体，还有什么刮骨、锯骨美容，复制一张某某明星的脸，等等。

封建时代的人，曾以"三寸金莲"为美，而明朝的马皇后却不以自己的大脚为丑，她曾笑着对朱元璋说：大脚坐江山可以坐得更稳些。"马大脚"皇后没有随波逐流，她美就美在自己的心态上。最近，笔者一位朋友携妻到某影楼花几千元拍了一套婚纱照，本想留下温馨的记忆，岂料照片上的妻子竟"靓"得面目全非,令朋友简直不敢相认。朋友叹曰:那位化妆师真是太高明了!像这样的美,它还有美的价值吗?

当今社会,很多人认为只要经济上可以承受,通过整容改善自身形象不成问题。谁不想以一个靓丽、潇洒的形象示众?但问题是,欲求美貌容颜,首先要调整好心态,即根据自身的实际情况去追求美,不要一窝蜂地追风逐浪,否则出个现代版的东施效颦不算,还把自己的老本搭上了——千金散尽还复来,但本人提供给美容院的"试验品"只有一个,一旦美容失败,到哪里克隆一个"我"啊!此外,即使在安全范围之内,也不要过于苛求结果而让自己陷入过分整容所带来的痛苦之中,否则你将难以接受一个全新的自我。

(原载 2003 年 10 月 24 日《湛江晚报》第 2 版"热点冷思"专栏,标题有改动)

报刊"减肥"，百姓减负

　　《湛江晚报》2003 年 10 月 20 日头版报道《我省报刊停办四十七种》中提到：广东省已确定停办的报刊从 2004 年起一律不准出版……

　　时下，"报刊王国"正掀起一场强劲、震撼的"减肥瘦身"运动。据悉，党中央最近下达文件，要求各地在 10 月 30 日之前全面整顿报纸和杂志。这次报刊整顿将是历次报刊整顿中力度最大的一次。预计全国的报刊将有五分之一遭到整肃，将有 2 万多份各类报刊、1700 多份内部刊物成为清理对象。

　　报刊之所以臃肿不堪、泛滥成灾，主要是因为一个时期以来，各种各样的部门报刊有如天女散花，铺天盖地。报刊发行也有如唱大戏，你方唱罢我登场，给基层干部和群众造成了不必要的时间和经济损失。甚至，有不少报刊已成为部门挣钱的手段。一些部门为了加大发行量，不惜采取行政干预、加大发行回扣等非正常手段，强迫下级帮助发行；一些报刊发行部门还把下级单位发行数量的多少，作为评选先进、模范的先决条件。下级单位为了完成发行任务，又把发行重点放在乡镇和企业，甚至采取企业不订报刊就不给盖章、不给转账、不批工资等手段强迫订阅。凡此种种，企业有苦无处诉，敢怒不敢言。报刊乱摊派已成为"三乱"的新品种，直接影响了党和政府的形象。

订阅报刊本是增加精神食粮，但过多过滥，则令人眼花缭乱、头昏脑胀，反而成了精神枷锁、经济负担。报刊乱摊派正是违反了"己所不欲,勿施于人"这句千古格言。报刊乱摊派走的是"向人民谋福利"的路子，而整顿报刊的宗旨是"利为民所谋"，切切实实地减轻社会和百姓的负担。

整顿报刊，体察民情，百姓欢迎。

（原载 2003 年 10 月 24 日《湛江晚报》第 2 版"热点冷思"专栏）

为文明执法鼓掌

面对无证经营户的不友善态度和无端阻挠，湛江市工商局执法人员本可以找个"妨碍公务"的理由采取强制措施，速战速决，连围观群众也会支持。但执法人员并没有这样做，而是打起"攻心战""持久战"，终于让档口老板口服心服，主动配合执法。

经检支队长武新建面对"通威"张副总初时的"发威"，没有以硬碰硬，而是以柔克刚，以理服人，最终不但让其佩服湛江工商局工作人员的文明执法，而且坚定了到湛江投资的信心和决心。由此引出一段"湛江工商文明执法引来3000万投资"的佳话。

俗话说：小不忍则乱大谋。执法是文明还是粗暴，关键在于执法时能不能多点耐性，多想想湛江的大局。因为每一次执法行动，并不单单是某个具体部门的事，而是事关整个湛江形象。近年来，湛江市开展整顿机关作风、整治投资软环境的行动。看来功夫没有白费，此次湛江工商人员的文明执法就是一个缩影。

"严格执法，热情服务"，这句话我们都很熟悉，笔者原以为只是执法机关的一句广告词，装装门面而已。由此事件观之，文明执法之意义深远矣！

粗暴执法，离间民心；文明执法，顺应民心。环境改善，商家放心，千金难买的就是文明！

执法，不仅需要"秋风扫落叶"，更需要"吹面不寒杨柳风"。

（原载 2003 年 10 月 20 日《湛江晚报》第 6 版，这是就《一起文明执法引来 3000 万投资》写的评论）

"神五"升空，巨龙冲天

2003年10月15日，《湛江晚报》用两个整版的篇幅报道"中国人冲出地球"。

"古老的东方有一条龙，它的名字就叫中国……"崛起的中国有一条飞龙，它的名字叫"神五"！10月15日上午9时，中国再一次让世界沸腾——中国第一艘载人飞船神舟五号发射成功！

载人航天技术能体现一个国家综合国力和国际威望的提升。邓小平曾说：如果没有两弹一星，中国就不能叫有重要影响的大国，就没有现在这样的国际地位。可以相信，我国航天员一旦进入太空，也能像20世纪六七十年代我国拥有"两弹一星"那样引起全世界关注。与此同时，载人航天的发展还能促进太空资源的开发，为科研提供一个理想的实验场所，它在推动生命科学与生物技术、微重力科学与应用等许多方面正发挥着重要作用！

自中国"神舟"系列飞船取得重大突破之后，一些国家就把我国视为其太空领域的主要对手，抛出了种种骇人听闻、天花乱

坠的"飞船威胁论"。如针对神舟五号即将发射的消息,《×××
邮报》就撰文称"这是中国迈入太空军事大国的又一重大举措……
又一场太空军事竞赛开始了……"

众所周知,我国一向奉行和平开发宇宙空间的方针,那些无
端的指责和臆断,无非是"中国威胁论"的又一翻版。宇宙空间
是全人类共有的财产,绝不是某个国家的"后花园"。因此,无
论某些人如何别有用心地对我国进行指责、监控和刺探,中国
和平开发太空的努力都不会停止,中国巨龙必将腾飞在浩瀚的
太空!

(原载 2003 年 10 月 17 日《湛江晚报》第 2 版"热点冷思"专栏)

"瓷"情可鉴

"青花王子"？不是笔者眼花吧！印象中，只有"白雪公主""白马王子""青衣花旦"，哪来的"青花王子"？再一细看，原来是一位擅长古陶瓷鉴定和传授学识的专家的外号！他的青花瓷鉴定术已达炉火纯青——"青花王子"的美誉受之无愧！

张教授自云"瓷爱一生"。由"浦"生到"瓷"生，张教授足足"浸泡"了40年。由此可见老教授的治学严谨与厚积薄发。

古陶瓷鉴定是一门应用性较强的多边学科，属于经验学体系，故而不光要读书、实践，而且还要善于比较与总结。想一蹴而就，想一步登天，往往会欲速则不达、梦醒一场空。做学问者，岂能摆摆花架子，当当"花瓶"角色？

"识古不穷，贪古不富"，此话出自行家之口，乃真知灼见，充满哲理。张教授出了很多有关陶瓷的书，而他本人的经历与成功，对于我们青年人来说，就是一本很有借鉴价值的书。

（原载2003年9月23日《湛江晚报》第6版，这是就《张浦生："瓷"爱一生的"青花王子"》写的评论）

后发"发"了

《湛江晚报》于2003年9月4日和11日的头版头条分别刊登《派传单专找好事做》和《找陈后发帮忙的人多了》，报道湛江发电厂临时工陈后发通过发传单推销自己，为生活有困难的老人免费维修水电。

前一篇新闻，令笔者惊呼：湛江又出了一个活雷锋！后一篇新闻，又让笔者大喊一声——"陈后发'发'了！"

陈后发为了干"自己喜欢做的事"，敢于发出"免费干活"的传单并身体力行，真是难能可贵！他虽然目前还没有加入志愿者组织，但他的行动却体现了雷锋精神和志愿者精神。免费干活，一开始就要"聚焦"世俗的眼光，遭到一些人的冷嘲热讽，甚至被某些"同行"恐吓。但他仍然十分执着，照干不误。因为是真诚地为别人服务，没有任何私心杂念，所以他问心无愧。

俗话说：精诚所至，金石为开。只要坚持不懈，通过自己的真诚努力和本单位职工的宣传，后发的"免费干活"行动必将逐渐被社会所认可和赞许。事实正是如此，以前只有本厂的离退休职工相信他，外面很多人都不信任他，而现在外面不少居民都开始电话预约他上门服务了。正如鲁迅先生所说的那样，"其实地上本没有路，走的人多了，也便成了路"。后发业余做好事可能会从此"一发不可收拾"——找他的人越来越多，他就成了大忙人了。但他忙得有价值，忙得精神富足！

但愿后发的行动能呼唤一些人间真情，改变一些世俗观念。愿从今以后好事连连！

（原载 2003 年 9 月 19 日《湛江晚报》第 2 版"热点冷思"专栏）

月饼选美？买珠还椟！

2003 年 9 月 3 日《湛江晚报》的《"礼品派"月饼挑战市场》，提到月饼的包装越来越"雍容华贵"了⋯⋯

近日，笔者有过这么一次"艳遇"。

中秋节前夕，笔者去探望一位朋友，当然少不了带上一盒月饼啦。但为了选一盒合我心意的月饼，竟挑来拣去，花了半个多钟头。档主笑曰："哥哥仔，你还未娶老婆呀？"笔者不禁愕然，问他何以这样关心我，他说："看你那么认真的样子，就跟相亲差不多。"我哑然失笑，谁叫那些嫦娥的霓裳迷住了我的双眼——纸盒、原木盒、人造板盒、钙塑盒、铁盒、竹编盒，大盒内套小盒，大盒外又套大纸袋⋯⋯此时此刻，要是有唐伯虎大哥在旁就好了，因他点秋香的技术一流！

过去，国人曾感叹，我们国内许多优秀轻工产品是"一流产品、三流包装"，难以走向世界。可如今，国内月饼在包装上所花的心思毫无疑问已达到"国际一流"。一位从某著名月饼生产企业退居二线的老同志说："过去月饼的外包装一般不超过月饼的价值。进入 20 世纪 90 年代，普通月饼的外包装与盒内月饼的价值比就变成了 1：1，豪华月饼达到 2：1。而现在，一盒精装月饼的实际价值中，外包装要占 7 成，月饼本身才 3 成，有的甚至更少。"

笔者看那当街摆卖的、在商铺和超市隆重登台的中秋月饼，无论其场面或大或小，都很像如今四处盛行的时装表演。不经意间，买椟还珠的故事竟涌上脑海。这些争奇斗艳的饼衣，与古时的"椟"真有异曲同工之妙！不同的是，现今的"珠"，买主是不还给卖主的，而那些挖空心思制造出来的"椟"却还给了垃圾堆。市环保局一位人士告诉笔者，这几年的中秋节前后，月饼消费带来的包装盒泛滥，为湛江又增加了一段新的生活垃圾高峰期。

中秋佳节吃月饼，本是谋求一种团圆的象征，但在市场经济的冲击下，月饼早已异化成"买的人不吃，吃的人不买"的礼品。既然是礼品，"送得出手"就是最大的硬道理。于是，生产商极尽过度包装之能事，外表越花哨，价格就能开得越高，诞生了不少"天价""超天价"月饼。商家则为过度包装的月饼销售大开绿灯，因为开价越高的月饼，商家越能攫取丰厚的利润；团购的操办人员也净往那些豪华月饼里扎堆，因为越是华而不实，其中的回扣就越多；一些根本没有生产能力的酒店宾馆也来分一杯羹。

如今，写真之风热吹，大有"返璞归真，回归自然"之势。而作为月饼的外衣，却是越来越繁复。为什么月饼就不能"写真""瘦身"一下呢？因为月饼是买来吃的，而不是买来看的。我们日常穿衣都讲究"得体"两个字，月饼包装亦然。过度的包装，只会令月饼变味。因过度包装既制造垃圾又浪费资源，发达国家早已立法限制过度包装，许多国家法律规定包装物不能大于被包装物体积的十分之一。韩国政府对商品的包装要进行检查，奖励精简包装，过度包装的商品要罚款。对比一下，那些热衷于"月饼选美"的人们有何感想？

（原载 2003 年 9 月 19 日《湛江晚报》第 2 版"热点冷思"专栏）

"世纪婴儿"一路顺风！

犹如避过了一场特大台风，湛江这次幸运地避过了一次"世纪婴儿"入托高峰期。但是，湛江能避过以后入学和就业带来的困难吗？这是值得我们深思的问题。

不少夫妇在过去的那个千禧年兼龙年刻意而为的"龙仔""龙女"，造成了入托高峰，令不少幼儿园容量顿显捉襟见肘。虽各地情况不尽相同，但当年"世纪婴儿"热遍全国是不争的事实。

在那个"千年等一回"的千禧年，谁没用非常眼光看待过这样的年份？事实上，千禧氛围几乎渗透了全国上下、各行各业、所有事物。所以，一切"千禧成本"都应由社会分摊，这包括其中时间跨度最长，也是累计最大的一笔："世纪婴儿"健康成长所需的额外成本。

必须明确，为"世纪婴儿"架设"世纪通道"，使"世纪婴儿"不留"世纪遗憾"，是牵涉不少百姓人家的民生大事，是我们社会义不容辞的责任。所以，有关部门从目前开始就该从长计议、作好规划，并循序渐进地分阶段抓好当务之急，将目标定位于不让任何一名"世纪婴儿"因社会疏忽而令其在"世纪通道"上受伤!

"世纪婴儿"是新世纪的希望,我们衷心祝愿这批"世纪新军"健康成长,上学、就业一路搭上"顺风车"!

"世纪婴儿",愿无忧岁月伴你们一起成长!

(原载2003年9月5日《湛江晚报》第6版,这是就《湛江"世纪婴儿"入园为何不难?》写的评论)

本地姜也辣

　　这批来湛投资置业的台商被湛江的优良环境、现代气息和淳朴民风所感染，因而时时把自己当作湛江人。他们不但在做大做强自己的事业，还担当"媒人"的角色，为湛江的招商引资牵线搭桥。其一片炽热的湛江情怀尽情地释放，令本地人也为之感动。

　　有句俗语叫"本地姜不辣"，不少湛江人也常有这样的感慨，在他们的头脑中，引以为"辣"的只有湛江的海鲜、海味。我们都懂得一个道理：一个人要取得成功，首先要有自信心。同样，一个城市的市民对于本地——其生于斯长于斯的"大家庭"，如果没有一点"本地姜也辣"的信念的话，这个城市要加快发展就难了。

　　"湛江是我家，发展靠大家"，这并非一个空洞的口号。只要湛江人的自信心增强了，湛江本地的"辣味"多了，湛江的腾飞就指日可待！

　　（原载 2003 年 5 月 21 日《湛江晚报》第 6 版，这是就《台湾商人在湛江》写的评论）

松香拔毛与雁过拔毛

"沥青鸭"吃了会致癌，但"松香鸭"吃了也会慢性中毒，它俩真是"孪生兄弟"也！

宰鸭户为降低成本、节省劳动时间，非法牟取暴利，竟使用沥青、松香来拔毛。由此及彼，笔者想到了一个成语——雁过拔毛。其原意是：见了大雁飞过都想拔它一把毛，比喻对经手的事不放过任何机会牟取私利。

笔者常到菜市"检查卫生"（买菜的戏称），发现这样一个现象：卖活鸡活鸭摊档的顾客总是比卖光鸡光鸭的多。何也？原因很简单，顾客怕光鸡光鸭的来路不明，怕不够新鲜，怕买了"沥青鸭""松香鸭"。而买活鸡活鸭却可以挑选最生猛的，且能现场宰杀、拔毛。

小贩搞活鸡活鸭现杀拔毛，是一项便民服务，故深受市民欢迎。但细心的消费者发现，现杀拔毛竟为个别小贩短斤缺两提供了便利。当你买了一只活鸭，交了钱后感觉分量不够，嚷着叫小贩复称，可是，小贩早已将活鸭宰杀并丢入热水桶里，你就"死无对证"了。笔者吸取了教训，近日买了只活鸡没让宰杀，拿到近处熟悉的摊贩那里复称，果然短秤，少了二两半，遂将鸡拎回卖活鸡的摊档。刚要开口，小贩已经递过一元钱，脸上堆着笑说："哦，刚才算错了。"

无论是"松香拔毛""沥青拔毛"，还是笔者经历的"现杀拔毛"，其骨子里都是"雁过拔毛"！这样，消费者就要面对两难选择的境地了：本来害怕吃上"沥青鸭""松香鸭"而买活鸡活鸭要求现场宰杀、拔毛，但又要担心被卖鸡卖鸭的"吃秤"（短斤缺两），该如何是好？

"拔毛"本是鸡毛蒜皮之小事，但由于一些不法经营者做了手脚，从而使事情复杂化。

时下人们都兴饮纯净水，为什么杀个鸭子，就不能用上纯净开水？！

笔者有句话要对小贩说：鸡毛鸭毛你可以拔得一干二净，但是"诚信"二字你不能"拔"得一干二净！

（原载 2003 年 5 月 13 日《湛江晚报》第 6 版，这是就《拒绝"松香鸭"》写的评论）

用 "心" 战胜 "非典"

作为与个体工商户关系最为密切的组织之一——中国个体劳动者协会（简称劳协会），能及时响应上级号召，将会员们的思想统一起来，使他们积极投身于 "抗非" 战斗，为稳定大局作出了应有的贡献。劳协会宣传工作做得到家，个体工商户觉悟也高。

"非典" 的突如其来，引起暂时性恐慌是正常的现象，关键是如何做好宣传工作，让广大群众洞穿 "非典" 的本来面目，从而泰然处之。一句话，要做好预防 "非典" 工作，必须竭力把好思想认识这一道关，否则，人人自危，自乱阵脚，"非典" 还未到，自己先跌倒。

兵法有云：攻城为下，攻心为上。对付 "非典" 这个穷凶极恶的敌人，我们不仅要斗勇，更要斗智。智者，包括先进的医疗设备和技术，包括从容不迫的心力较量。

要用 "心" 战胜 "非典"，必须做到四点：一是要有 "有备无患" 的戒心，时刻保持高度警惕；二是要有 "一丝不苟" 的细心，防范措施做足做细；三是要有 "锲而不舍" 的恒心，不是走走过场而已，而是常加防范，直至夺取"抗非"战斗的最后胜利；四是要有"普渡众生"的爱心。做生意的，如果趁"非"打劫，浑水摸鱼，他们得到的只是一时之利，一旦东窗事发，自然身败名裂，一蹶不振。"得道者多助，失道者寡助"，理应被人们奉为金科玉律。

全民"抗非"，众志成城！

攻无不克，战无不胜！

（原载 2003 年 5 月 8 日《湛江晚报》第 6 版，这是就《非常时期　寻常经商》写的评论）

有感于客路人不当"看客"

当英雄与歹徒浴血搏斗的时候，往往有不少人在围观，没有人敢出手相助，于是英雄独力难撑，悲壮地倒下了……这不是电影、电视中的镜头，而是现实生活中活生生的事实。歹徒行凶固然可恨，但那些明哲保身的看客们，更加可悲！

但当笔者看了《客路又响正气歌》后，精神不禁为之一振！"客路"，如果单从字面上理解，是"客人路过的地方"，但令人欣喜的是，客路镇形成了一个见义勇为的好氛围。每当歹徒为非作歹之时，客路人既没有当"过客"（即把自己当作过路的客人，不管别人的闲事，免得惹事上身），也没有当"看客"（即看看热闹，这类人别人是否危在旦夕，统统与他无关，反正又不是他自己的事），而是当"好客"（即把别人之事当作自己的事，危急之际好出手相助），勇猛顽强斗歹徒。

事实已经证明，社会上每当"看客""过客"越多的时候，就越是歹徒肆无忌惮之时。而当人人对歹徒都痛而戮之、围而攻之的时候，就越是歹徒草木皆兵、风声鹤唳之时。正是："看客"

满场，歹徒猖狂；"好客"上场，歹徒心慌。

王英、梁玉英、凌妃珠，客路镇三英雄，客路人之骄傲也！

正气弘扬日，治安好转时！

（原载 2003 年 4 月 30 日《湛江晚报》第 6 版，这是就《客路又响正气歌》写的评论）

私彩，精神鸦片也！

笔者所住的宿舍小区，原来每天晚上都麻将声声扰人烦，而现时则清静了许多，左邻右舍相见面，问候语不再是："你吃了吗？"而是："你打什么？"人们总是三五成群，有的在指手画脚，有的在窃窃私语……笔者好生奇怪，难道这些"麻将友"都"金盆洗手"了，在互相切磋业务技术？细细一问，方知是在研究打什么私彩号码。简直令人哭笑不得！

私彩有何危害？私彩泛滥严重冲击了政府彩票业的发展。广西福彩中心提供的数字表明，广西一年销售福彩4亿多元，而私彩销售估计达七八亿元。私彩不提公益金，不上缴税金，仅此两项国家每年损失两三个亿，扰乱国家金融秩序。更为严重的是，私彩引发打架、斗殴等事件，成为影响社会安定的一个重要因素。因为中大奖不兑现或欠赌债导致的连环血案在各地时有发生。

有人平时像病猫，一旦"打奖"则精神百倍；有人对什么都感到无聊，唯有对私彩一往情深；有人在冲凉，一听开奖，衣服未穿即奔出厅堂；有人迷恋私彩发了疯，当街裸奔；有人输光了多年的积蓄，万念俱灰，自断性命……一幕幕闹剧、丑剧、悲剧，或已收场，或正上演。

私彩，精神鸦片也！它不但令人输掉血汗钱，难以戒掉"彩瘾"，就算暂时收手，也难免"旧病复发"。

私彩赌博盛行，与庄家、赌头的推波助澜有密切关系。一方面，他们通过不断地编造各种一夜暴富的神话，引诱群众参赌；一方面通过非法渠道引入、印制各种"彩票经"，散布道听途说的信息，使赌徒认为只要认真研究就能猜中号码。他们也兑现一些小奖，让初入此道者尝到甜头，即便参赌者好不容易猜中大奖，庄家往往因无法兑付而野蛮赖账，或者逃之夭夭。私彩赌博活动在一些地方之所以反反复复，愈演愈烈，一个重要原因就是没有把隐藏极深的庄家、赌头打掉，但背后的原因是某些大庄家有"保护伞"撑腰。

打击私彩，光靠拆掉多少个摊档是不行的，因那些彩民心中的"瘾根"没有割掉。就好像割韭菜一样，你没有把它连根拔起，只是平着泥面割去，一夜之间它又长出新叶。因而，只有号召全社会动员起来，揭露私彩的危害，自觉抵制，远离赌害，才能共同营造一个安定、祥和、文明的社会环境。

（原载 2003 年 2 月 21 日《湛江晚报》第 6 版，这是就《纪家圩成了"私彩圩"？》写的评论）

先擦亮眼睛，再投入感情

"新娘"一去不复返，"新郎"赔了夫人又折兵。真是大千世界，无奇不有，男人可以施展花招骗取女人的财色，女人同样可用美人计诱骗男人的钱财。看完这出令人啼笑皆非的骗婚闹剧，笔者想起了一句俗话："心急吃不了热煎堆。"阿仁急于找对象着了魔，结果被阿丹这个"热煎堆"烫伤了！

男大当婚，女大当嫁，这是一个古老的传统，但是交友不慎、娶妻或嫁夫不当，往往弄出悲剧来。因为不少骗子就是以交友、结婚的手法骗色骗财的。此类案件近年来在农村时有出现，受骗者大都是结婚心切的农村大龄男青年。

阿仁之所以上当受骗，一方面是他（包括他父亲）宅心仁厚、老实巴交，过于相信别人；一方面是见识浅陋，没有应有的警惕性。还有一个背景，就是农村普遍存在早婚早育现象，男女青年二十出头如果还未物色到对象的话，就会被视为"老青年""老怪物"。阿仁正是在多次相亲碰了壁、生怕娶不到老婆的情况下中了招。另外，一个迷信思想也不容忽视，即嫁给"没奶仔"（失

103

去妈妈的孩子）会不吉利。阿丹敢于冲破封建迷信的束缚,肯"委身"于寒门,阿仁怎不感激涕零?感情、痴情、恋情……多方交织,网中有网,可怜阿仁这个"青水蛤"（指涉世未深、见识短浅者）,懵懵然,迷糊糊,被困网中央,怎敌得过阿丹这个"放飞鸽"（骗婚）的老手!

阿丹就像一个驯兽员,将阿仁玩弄于股掌之间,阿仁就像一个海豹,乖乖听话,叫做什么就做什么。阿丹狡,阿仁痴,阿仁终于被歹女"大搞卫生——洗刷一空",身心俱疲,欲哭无泪。阿仁的遭遇,给那些寻找对象的人竖起一个大大的忠告牌:千万要擦亮眼睛,别将自己一生的幸福寄托在谎言上面!结婚还是应当依照法律程序登记,利用法律来保护自己的合法权益。

（原载 2003 年 2 月 14 日《湛江晚报》第 6 版,这是就《天上掉下一个"好老婆"?》写的评论）

白醋是不能"白喝"的

"广州正流行一种可怕的肺病，快点买白醋和板蓝根喝。"2003年2月10日晚，有如台风登陆般，一条小道消息在湛江迅速蔓延开来……一时间，人心惶惶，不少市民争相抢购白醋、板蓝根等，一些小卖部、药店乘机哄抬物价，发了一笔"羊"（2003年是羊年）财。一些市民购得白醋、板蓝根后，迫不及待地将白醋兑着开水喝，接着冲板蓝根喝，满以为此举可以预防传染病，岂料适得其反：饮用白醋不到半个钟头，即觉得喉干、喉痒，接着咳嗽不止，第二天，个别严重者还有胃痛、恶心、呕吐等症状。其实，白醋是不能"白喝"的，做酸甜排骨、糖醋鱼可以，白醋用于消毒只能在室内蒸熏。直接喝白醋，容易损伤胃黏膜，故而引发上述症状。

几年前，本地也曾爆出地震的谣言，不少人半夜三更拥到空地避难，有的甚至在野外风吹露宿到天明。

"非典型肺炎"虽是突发病，但一般不会危及生命。多数病人症状较轻，仅以发热为主。广东省内部分地区现有的病例均得到妥善治疗，绝大多数病情已得到控制，有的病人已康复出院。只要不是近距离与该类高热病人密切接触，一般不会被传染。因而该传染病并非什么洪水猛兽，以现代的医学技术，完全可以"搞掂"。

正如有矛必有盾一样，对于一些突发性的疾病，只要积极治疗和控制，并不可怕。怕的是见风就是雨，草木皆兵，风声鹤唳。人为的恐慌就是人为的地震，以讹传讹这种"精神传染病"，比任何病毒都要厉害得多，它导致人心慌乱、社会混乱，"害"莫大焉。

生命诚可贵，理智价更高。为了自己的生活过得美满一点、幸福一点，请头脑冷静一些、清醒一些，不要以讹传讹！在传媒相当发达、信息爆炸的当今，应当传播真相，宣扬科学！

（原载 2003 年 2 月 13 日《湛江晚报》第 2 版"百姓茶坊"栏目，标题有改动）

英雄，您慢走……

几天来，他一直处在深度昏迷状态中，听不见亲人的声声急切呼唤，看不到众多医疗专家的忙碌身影，见不了前来探望他的朋友和社会各界人士的关切神情。他只是静静地躺着……1月22日23时19分，他的心脏终于停止了跳动。

"张伟平牺牲了！"消息传开，人们痛惜不已。大街小巷，人们在争相传颂着英雄勇斗劫匪的事迹，人们的心底都在默念着：阿伟，您慢走……一路走好……

1月15日，那一天，一个普通群众的名字震撼了吴川，震撼了湛江……那一刻，一个英雄的事迹铸就了瞬间的永恒。

每一个英雄的事迹，都是一曲催人泪下的壮歌；每一个闪光的名字，都是一个感人肺腑的故事。"忽报人间曾伏虎，泪飞顿作倾盆雨。"港城大地，每一位有同情心的人，每一个有正义感的人，他们的心头都澎湃着一阵阵热浪，为这位可敬可爱的英雄唱响一曲可歌可泣的《好汉歌》——"路见不平一声吼，该出手时就出手！风风火火'斗劫匪'……"

真的猛士，敢于直面凶神恶煞的持枪匪徒，敢于直面淋漓的鲜血！"1·15"劫案爆发时，张伟平本是一个过路客，但他没有袖手旁观，而是跟着两位交警火速加入斗劫匪的行列。当劫匪举枪威吓他放手时（其时劫匪已被张伟平铁桶般死死箍住，无法脱身），他没有丝毫畏惧和退缩，而是奋力抱起劫匪想将其摔倒。

泰山崩于前而色不变——这就是英雄本色！

阿伟就这样静静地走了，走得那样安详，难道他没有一丝牵挂？非也，他上有老下有小，还有一个相濡以沫的妻子。他还没来得及睁开眼，看看羊年的热闹，就这样匆匆地走了。不过，他走得轻轻松松，因为他是"虎胆英雄"，而非"缩头乌龟"。他用鲜血、用生命保护了国家的财物、人民的利益，在他的身上，体现着宝贵的浩然正气。他，问心无愧！他，英雄无悔！

"有的人死了，他还活着……"

对英灵最好的告慰、最好的怀念，就是要学习他们的崇高精神，学习他们的英雄本色。英雄的美德和情操，是一笔宝贵的财富，是激励我们无私无畏、不断取得新的胜利的精神动力。

伟大的实践，需要伟大的精神。在新世纪的征程上，面临着异常激烈的国内国际竞争，面临着各种机遇和挑战，实现湛江跨越式发展的目标，比任何时候都需要英雄，需要革命英雄主义精神。我们要学习英雄的事迹，形成崇尚英雄、弘扬正气的社会氛围，用英雄精神激励我们奋进，为推动两个文明建设，完成湛江新时期的历史性任务作出更大的贡献。

一个英雄倒下了，千千万万的英雄站起来！

（原载 2003 年 1 月 24 日《湛江晚报》第 1 版，这是就《英雄走了，留下的是无尽的追思……》写的评论）

英雄诞生并非偶然

有如山崩地裂般，"1·15"抢劫案爆发得那么突然，而英雄的出现几乎与劫匪的枪响同步。英雄的诞生是事出偶然吗？当我们沿着英雄走过的足迹，探寻英雄背后的故事的时候，我们会不约而同地迸出一句：英雄的诞生是必然的！

吴川自古人杰地灵，梅菉姑姐、劏狗六爹的故事早已家喻户晓。在梅菉，很早就有打贼佬、捉"白拈"（扒手）的传统，梅菉人民爱憎分明、疾恶如仇。"四兄弟"劫匪竟敢冒天下之大不韪，"兔仔也吃窝边草"，注定他们自掘陷阱，有来无还。

义无反顾、勇往直前、视死如归是英雄的冲天气概，英雄都很大气，都很悲壮，都泣动鬼神，都顶天立地。但英雄是人不是神，英雄是平凡的，英雄之所以成为英雄，一方面是由于他们自身的刻苦磨砺，对工作的认真负责，对人民的无限热忱，对国家财产、集体利益的百般呵护；一方面是所在单位提供了一个"大熔炉"，让英雄经受磨炼。故而，英雄的诞生是厚积薄发，而非机缘巧合。

作为女人，普遍存在柔弱的一面，胆小怕事者居多，就算男人，雄壮威猛亦不乏胆小如鼠之辈。当今社会有些人，抱定明哲保身的教条，不求有功，但求无过，遇上与自己切身利益无关的事，便统统变成"壁虎"了——作壁上观。

做英雄，就要敢于迎难而上，迎险而上。时代呼唤着英雄，我们的社会需要更多像烟草局五勇士、神勇两交警、好汉张伟平等的英雄，关键时刻，挺身而出，勇敢坚定地与坏人坏事作斗争。

生当作人杰，死亦为鬼雄！这就是英雄！

（原载 2003 年 1 月 22 日《湛江晚报》第 6 版，这是就《英雄，是这样诞生的——记吴川市烟草专卖局五勇士》写的评论）

看吴川版《英雄》去！

时下，正是张艺谋导演的《英雄》大举登陆港城之际，广大影迷终可大饱眼福了，一个看《英雄》、说《英雄》、重《英雄》的热浪扑面而来。市民茶余饭后碰头，第一句话总离不开——你看《英雄》了吗？

未看过《英雄》？赶紧买票！未看过吴川版《英雄》？快点读报！

吴川不但鞋多、羽绒多、老板多，英雄也多。这次警民斗劫匪事件，充分体现了这一点。《英雄》中的"英雄"是虚构的，而吴川的英雄是现实生活中的，是真的英雄！"老谋子"的《英雄》还未正式公映，盗版、翻版即满天飞；而吴川的英雄，"版本"只有一个，那就是——正义始终战胜邪恶，人间正气在纵横驰骋！

看过吴川版《英雄》的读者都说，少有、难得、够勇！笔者也有同感。如今是太平盛世，但总有几只苍蝇在嗡嗡叫，有几只蟑螂在乱爬乱闯。因而有人捣乱，就有英雄诞生。

让我们记住这些英雄的名字：林华强、欧锦成、陈宗华、麦茂钦、张伟平、董江、麦科、冯亚贵、王维仪、梁玉艳……

让我们重温英雄诞生的环境：枪声震耳，子弹横飞；匪徒穷凶极恶,警民勇不可当;枪来"掌"挡,拳来脚往;"泰山"压顶……

犯罪分子从来都是欺软怕硬的，可喜的是，吴川的英雄们个个都是铁骨铮铮，犯罪分子这下咬崩牙了！陈氏四兄弟，不是联手勤劳致富，而是铤而走险，走上持枪抢劫烟草局工资款之路，自己把自己送进"火牛阵"，最终"一镬熟"。

社会治安，要警民联手，各方配合，综合防治，才能长治久安。

枪声犹在耳，天地正气存，英雄的鲜血没白流。让我们再次高奏一曲荡气回肠的《英雄赞歌》！

（原载 2003 年 1 月 17 日《湛江晚报》第 1 版，这是就《浩然正气天地长存　吴川各界探望铁血英雄》写的评论）

小心祸从"机"出

在日常工作、生活中，同事、朋友之间总喜欢开开玩笑，松松脑筋，这本是自然而然的事。但因开玩笑过度而引起口角、争斗、矛盾的事也时常发生，于是乎，跟"祸从口出"的古训挂上了钩。一些好搞恶作剧的人总觉得当面开玩笑不过瘾，于是想出了用手机发送"咸湿"短信的"屁窍"……

几条小小的手机短信竟引起情海巨波，导致夫妻互相猜疑、反目，甚至离婚，葬送了一个原本风平浪静的家庭，实在令人惋惜。那么，究竟谁是这些不幸的制造者？如果是发短信者的恶作剧造成的严重后果，又如何认定恶作剧的制造者应负有什么样的责任？如何确认"肇事"短信就是机主所为？尽管法律已对利用手机发送黄色和其他无聊的短信息、干扰他人的正常生活或恶意对他人进行人身侵犯的行为作了相关的处罚规定，但由于手机的不固定性和手机网络管理的诸多漏洞，对"咸湿"短信引发不良事件的责任仍然很难认定。

"咸湿"短信既然是引发别人家庭不幸的导火索，作为朋友的话，你就别当这个始作俑者，小心惹上官司，祸从"机"出。而在一个家庭中，夫妻双方应增强"免疫力"，相互理解与信任，对那些无聊的"咸湿"短信一笑置之，这样，爱情之舟方能"任凭风浪起，稳坐钓鱼船"。

为了别人的宁静、温馨与幸福，多发一些祝福语吧！祝福别人的同时也是在祝福自己！

（原载 2003 年 1 月 9 日《湛江晚报》第 6 版，这是就《手机黄色短信成了"第三者"》写的评论）

强扭的瓜就是不甜

中国古代有"指腹为婚"的故事。那时候，人们还会为这种故事添加些美丽的悲欢离合情节。然而现在，婚姻包办的故事再也不会给年轻人带来欢乐的笑声，我们所看到的只是眼泪，所听到的只是哭声。

封建社会，父母对子女的婚姻实行包办，使许多年轻人丧失了自由、幸福和爱情。爱，有时候也会是一种负担、一挂枷锁。

我们先来看看陆游的《钗头凤》：

> 红酥手，黄縢酒，满城春色宫墙柳。东风恶，欢情薄，
> 一怀愁绪，几年离索。错，错，错。
> 春如旧，人空瘦，泪痕红浥鲛绡透。桃花落，闲池阁。
> 山盟虽在，锦书难托。莫，莫，莫！

这首词写的是陆游自己的爱情悲剧。

陆游的原配夫人是同郡唐氏士族的一个大家闺秀，结纳以后，

他们伉俪相得,琴瑟甚和,是一对情意相投的恩爱夫妻。不料,作为婚姻包办人之一的陆母却对儿媳产生了恶感,逼令陆游休弃唐氏。在陆游百般劝说、哀求而无效的情势下,二人终于被迫仳离,唐氏改适同郡宗子赵士程,彼此音息也就隔绝无闻了。几年以后的一个春日,陆游在家乡山阴(今绍兴市)城南禹迹寺附近的沈园,与偕夫同游的唐氏邂逅,唐氏遣致酒肴,聊表对陆游的抚慰之情。陆游见人感事,百虑翻腾,遂乘醉吟赋是词,信笔题于园壁之上。词中记述了词人与唐氏的这次相遇,表达了他们眷恋之深和相思之切,也抒发了词人怨恨愁苦而难以言状的凄楚心情。

"十八岁姐儿九岁郎,天天要我抱上床,上得床来放声哭,又喊妻子又喊娘,恨不得一脚踢下床。"这首鄂西情歌,不正是对封建社会"父母之命、媒妁之言"的包办婚姻的控诉和声讨吗?

文明已经走过了漫长的几千年,一个古老的故事——包办婚姻仍在上演着:混杂在残碎的眼泪和鲜血之中的,是年轻人的心灵创痛。

阿英的父母只为区区的5000元,便"灌猪肠"式地将阿英推到一个令她噤若寒蝉的"夫君"面前。好在她个性刚烈,哭闹抵抗,好在其夫胆小怕事,有"惧内"心态,倘若他是一个性情粗暴者,以暴力侵犯的话,阿英的处境将会雪上加霜。

包办婚姻引发爆炸案,愚昧是导致悲剧的根源:梅家父母没有文化,家庭贫困,以为通过嫁女可以改变贫穷的命运,不料却断送儿女性命;只有小学文化的周某心胸狭隘,对本来就不合法的婚姻产生疑问时,便采取极端手段。

……

　　几乎全天下的父母，都希望自己的子女能生活得美满、幸福，这一点是毋庸置疑的。可是，将两个互不认识、熟悉的人，硬是像包饺子一样把他们"包"在一起，难道能产生爱情吗？那么他俩终生的幸福都会毁掉的。强扭的瓜就是不甜！

　　子女如今已长大成人，他们应该有自己的自由、自己的选择。子女的婚姻大事，非同儿戏，父母可当参谋，但不能当保姆，更不要做导演。否则，苦果既酿，追悔莫及！

　　觅得一个佳偶，关乎子女的终生幸福。为人父母者，如果你们真的爱自己子女的话，那就请放飞手中的风筝吧！让子女在"双向选择，互相沟通"的天空里自由飞翔！

　　（原载 2002 年 12 月 24 日《湛江晚报》第 7 版，这是就《包办婚姻　酿造苦果》《新郎炸死少妻和小舅》写的评论）

杞人忧"梯"

有位外地人说，湛江人就是爱凑热闹，起初笔者不以为然，但从近日赤坎世贸大厦试营业的壮观场面来看，此话一点不假。四面八方的人流好像潮水般拥向大厦，商场内更是摩肩接踵，前呼后拥，人气沸腾，用"踩死蚁"来形容也毫不过分。其实，又何止一个"世贸"热闹非凡，每逢超市开业或适逢"黄金周"，湛江的各大商场里总是人山人海，电梯变成了"人梯"。此时此刻，触景生情，有人问："谁最苦谁最累？"有人答："电梯最苦最累。"因为它连续运转，没有片刻休息。

乘兴而来，乘着电梯，谁会想到有闪失？意外事故往往在这些没想到的超负荷运转中突发！不看不知道，一看吓一跳，从本地两宗商场电梯"咬"伤小孩的手、外地众多商场电梯伤人的个案来看，我们不得不打醒十二分精神！古人云：人无远虑，必有近忧。作为消费者，乘自动扶梯时如果不"醒水"一点，而是去争着上下，对小孩疏忽大意的话；作为商家，如果不加强对电梯的维护保养，而是全神贯注盯着"今天有多少收入"的话；作为有关管理部门，如果对各大商场疏于管理和监督的话，安全事故说不定就在某天降临。这不是危言耸听，事实和教训就摆在眼前！

商场自动扶梯的安全应急措施一定要备足，以免一失足成千古恨。元旦、春节快到了，商场里人多声杂，在此提醒大人一定要照管好小孩（当然，自己也要多加小心），以免发生意外。否则，落个伤痛过羊年，你还"喜气洋洋"得起来吗？

昔日那个忧天的杞人，假如穿越到今天的湛江，肯定也会忧起自动扶梯来。而笔者这个"湛"人，也会和杞人一样忧"梯"不已。但愿所担忧的始终是个梦，永远不要变成现实。如此，这种"忧"就值得。愿全市各大商场的电梯运转正常，为广大市民提供一个安全、舒适、悠闲的购物环境。人们到超市购物，虽说在一定程度上是冲着"特价商品"而来，但更多的是图心理上的愉悦和精神上的爽快。笑比哭好，乐极而不生悲，此乃人生之大幸也。

商场里，人群中，闹哄哄，心懵懵，上自动扶梯，切记安全第一！

（原载 2002 年 12 月 18 日《湛江晚报》第 7 版，这是就《商场电梯会"咬"人》写的评论，内文有改动）

保持风貌，从容反击

　　考官故意提出令人为难的问题在面试中很常见，这种行为被称为"压迫面试法"。比如，某公司的考官在集体面试时突然问："你们戴的眼镜都一样啊，一点个性都没有。"在场的 3 位大学毕业生都带着当时流行的金丝边眼镜，其中两位被这突如其来的提问问蒙了，一时哑口无言。而另一位女生却非常果断地回答："请不要误解，这个眼镜是为面试准备的面试专用眼镜。"前面两位应试者乱了方寸，乃至全盘皆输，而她却寸步不让，始终保持了自己的节奏。当然，她现在已经成为该公司的一名公关策划人员。又如，大学生小李在某新闻单位面试时，主考官这样问她："你会追男孩吗？"此问题真是古怪敏感得很！回答难度甚高。小李却不慌不忙，答道："会！怎么不会？搞新闻采访，就是要像男孩追女孩、女孩追男孩一样，只有紧追不放，才能写出有分量、有深度的独家新闻！"

　　"说得好！"几位考官不约而同地鼓起掌来。结果可想而知，小李在 100 多位面试者中脱颖而出，如愿以偿当上了梦寐以求的记者。

从上面的例子我们可以看出，当遇到令人为难的提问时，应冷静反击。因为考官提问的目的，就是看你在假设的情景、困境中能否灵活应对，或借题发挥，或以不变应万变。

或许有人问：当遇到令人难堪的问题一时找不到恰当的反击词怎么办？请不要担心，考官很多时候不注重你反击语言的内容，而只看你能否保持气宇轩昂的状态。此外，视线不能离开考官，坐姿不能有变化，身体不能变得松软无力。回答"嗯"，不如回答"是的"，此时此刻保持原有精神风貌，是求职者制胜的最重要技巧。

（原载 2002 年 12 月 10 日《湛江晚报》第 7 版，这是就《女生面试，如何应对古怪敏感问题》写的评论，内文有改动）

望女成凤却成"疯"

据近日的《广州文摘报》载：重庆一位年仅 21 岁的女大学生韩燕燕因学习压力太大，在接到硕博连读通知书的前四天突然精神失常，3 个月过去了仍躺在医院里，神志一直混沌不清。范进中举的悲剧竟然在 21 世纪的今天重演，真是令人震惊、让人痛惜、发人深省！

韩燕燕的悲剧来自她父母（均是中学教师）"三大纪律"的约束：一是每天 5 时起床 23 时休息（从小学五年级起）；二是从小学到大学不许谈朋友；三是平时不允许唱歌、参加聚会。如此一来，她的一切课余活动，甚至连学校组织的春游、运动会什么的都一律禁止，脑子里无时无刻不充斥着"学习，学习，再学习"，就像一头疲于奔命的小牛要拉一辆沉重的破车一样，根本就没有半点可以喘息的时间和空间。特别是大学的 4 年，她受困于父母筑起的学习"围城"，性格越来越压抑、寡闷，最终导致悲剧发生。

另据了解，今年以来，某医院已收治了 18 名像韩燕燕一样由于学习压力太大、精神负担过重而成为精神病患的初、高中生及大学生。学生的精神卫生（心理卫生）问题已到了非重视不可的地步了。这就给天下为人父母者出了一道严峻的思考题：如何理智对待子女的教育问题？如果对此置若罔闻，一味强制子女"两耳不闻窗外事，一心死读'压力'书"，即使子女不被逼疯，但由于不接触社会，不善于交际，日后也难以在社会上立足。

　　时下，社会上要求"为学生减负"的呼声日渐高涨，这是一件好事，为的是让学生的身心得以健康成长，但减负切莫只注意到学习成绩，因为精神上更需减负。只有实现学习、精神双减负，才能避免韩燕燕式的悲剧，为人父母者的望子成龙、望女成凤方不再是令人心酸的南柯一梦。

（原载 2002 年 1 月 23 日《湛江晚报》第 2 版"百姓茶坊"栏目）

慎防病从"膏"入

真是令人始料不及，一向被人们视为清新洁净的牙膏，也被制假分子亵渎了。你说气愤不气愤？！

据《南方都市报》载，广东省质量技术监督局于2001年12月15日凌晨在白云区端掉一地下牙膏厂，查获各种假冒牙膏8万多支。这些假冒品有黑妹、中华、雕牌、两面针、冷酸灵等，其内外包装与正品几乎一样，但却"别出心裁"地贯以一个"新"字，令人稍不注意即以为是正品厂家的新产品呢。其假冒手段真可谓"高明"矣！

人们从小就受教要防止"病从口入"，现在看来，这还不够，还应加上一条——防止"病从'膏'入"。因为假冒牙膏的危害有：一是泡沫不丰富，清洁效果很差；二是其生产、卫生条件差（正规厂要求有良好的密封条件和严格的质量、卫生标准），一旦牙膏里的有害细菌达到一定的浓度，将会引发口腔疾病。这样的"新"产品，不但清洁不了口腔、保护不了牙齿，而且会适得其反。

眼下，有些制假分子唯利是图、胆大包天，挖空心思制假售假,坑害消费者,其走的是瞒天过海之术。"魔高一尺,道高一丈",广大消费者应擦亮你的一双慧眼,三思而后"买",慎防上当受骗。

（原载 2001 年 12 月 18 日《湛江晚报》第 2 版"海滨夜谈"栏目,内容有删节）

随笔感悟

山稔酒

　　一到骄阳似火的 7 月，我的心情又兴奋起来了，总要往老家跑上好几趟，因为，那里有我念念不忘的挚爱！

　　老家的山头长满山稔树，每年 7 月中下旬至 8 月中旬，是山稔果的收获时节。这段时间，只要回到家乡，迎接我的总是漫山遍野密密麻麻的山稔果，它们中有熟至红彤彤的，有熟得乌黑发亮的，煞是可爱诱人。

　　别人摘山稔，奔的是吃鲜果，拍靓照刷屏，而我则是采果泡酒。老家山头的质地属"石子骨"（半石半泥之地），相对干旱，故长出来的山稔果味道清甜，无论生吃还是泡酒，都妙不可言。因为我泡的山稔酒特别好喝，不少朋友闻之纷纷求分享或求泡果酒的秘诀。在他们面前，我总是自豪地说："我的山稔酒，都是用老家的山稔果炮制的！"

　　2015 年 8 月初，我回老家抓草药，顺便到后山看看。不看则已，一看惊呆！什么时候这里长了这么多山稔树？！印象中，小时候后山只有寥寥几棵低矮的山稔树，摘山稔果要到我村对面的山头。而看着眼前不少山稔果，或熟透了掉在地上，或干枯了挂在枝头，不由得心生怜惜。猛然间，我作出一个决定：不能让它们白白浪费掉，我要将它们采摘回去泡酒。说干就干，我不顾天气炎热，汗流浃背地摘了两个小时，收获10斤黑亮黑亮的果实。回家后，我晒干果子，泡了10斤果酒。一年后开坛，山稔酒那入口醇厚、溢满果香的独特魅力，醉倒了一众朋友。

山稔酒虽好喝，但采摘山稔果却是一件苦差事。摘山稔，必须密切留意天气预报，最好选择近几天阳光灿烂之日出行。因为采摘之事大有讲究：一是阳光朗照，果子含糖量高，酿出来的酒才味道甘甜；二是鲜果要及时晒干再泡酒，否则酒味不香醇。但上山摘山稔，就必须要经受太阳的暴晒。每次摘山稔，我总要去山稔林里转上两三个小时，这可是"蒸桑拿"的节奏呀！因为太阳猛，怕晒脱皮，且为了防蚊虫叮咬，所以要全副武装（戴草帽，穿长衫长裤）。山稔林里长着茂盛的芒萁，置身其中，感觉密不透风，脊背上、额头上的汗珠不停地冒涌。衣服湿了又干，干了又湿，全身好像布满了无数个温泉喷口，真热！待到采摘行动结束，深蓝色的衬衣上竟然增添了白白的"花纹"！嘿嘿，原来这是汗水蒸发后留下的汗渍。当载着一大袋山稔果满意而归时，就要进入第二个程序——晒山稔。

晒山稔，看似简单，却是看天气脸色办事的活儿。鲜果摘回来后，洗净，沥干水，再连续暴晒六七天。中途不能漏晒、淋雨，否则，半干半湿的果子容易霉变，会令你前功尽弃。山稔果全部晒干后，就可以入坛泡酒了。

年终岁末，岳父大人自山城驾临湛江，我捧出一坛泡了3年半的山稔酒，为他接风洗尘。当我揭开坛盖的那一刻，顿觉满屋馨香萦绕。倒酒，端杯品之，唔，果香浓郁，酒味醇厚，舌尖回甘。"这野果酒好喝！"岳父一连发出几声赞叹。

有一次，我参加同学聚会，席间，有位同学推介了他泡的山稔酒。取一小杯品之，咦，味道有点酸，果香不够浓，跟我泡的味道相差甚远。于是，我问同学是怎么炮制的，他说他用的是"三蒸四晒法"。即山稔果晒干后，将干果放入蒸笼蒸熟，再晒再蒸，如此反复，山稔果达到"三蒸四晒"后即入坛泡制。这下问题来了，同学的"三蒸四晒法"工序复杂，我的"生晒法"（将山稔果晒干后直接加酒浸泡）操作简单，为什么我酿出来的酒比他的好喝？原来，他是想用蒸的办法去掉山稔果的苦涩，殊不知，山稔果被蒸熟3次后，涩味虽有所减轻，但散失了原有的清香，且失了糖分，导致果酒变酸，真是得不偿失。而我的制法，保持了山稔果的纯正果香和特有味道，并高度还原果品的糖分，故口感回甘醇厚。

泡山稔酒，给了我一个特别的启示：为什么有些人总是感觉自己不够幸福，因为他们把生活看得过于复杂了。生活过得快乐、舒坦的最高境界是什么？是"简单"二字！简单，就是返璞归真，回归自然。人生在世，简单、率性、随和，心境自然舒朗。否则，欲念太多，这件完成不了，那件又没做好，心头郁闷，愁丝缠绕，纵使是艳阳高照，自己的生活也会黯淡无光。用简单的心情，泡一坛生活的酒，酿出的是快乐的醇香、幸福的味道！

菜是鲜的嫩，酒是陈的香。泡山稔酒不能心急，要耐住性子、压住酒瘾、管住嘴巴，让其慢慢发酵一年以上，方可开坛。生活中，有些事情也要等它慢慢发酵、成熟，方可水到渠成。否则，往往是欲速则不达，事倍功半。

感谢山稔酒，让我品味了天然纯朴的乡情；感谢山稔酒，令我悟出了生活的真谛。

（原载 2020 年 2 月 22 日"西散原创"公众号，次载 2022 年 4 月 11 日《湛江晚报》20 版"海风"版，内容有删节）

石根山之"根"

听朋友说，信宜有座石根山风景不错，路好走，又不塞车，近日，我们三家人一起，来一次说走就走的旅行。

石根山坐落于广东信宜市朱砂镇石根村与广西岑溪市水汶镇交界处，属粤西云开山脉山峰，其主峰海拔998米，造型奇特，直插云霄，一峰独秀。石根山，顾名思义，就是一座石头山，但石根山的"根"究竟指什么，成了吸引我们前行的一个谜。

从崎岖不平的石阶道走起，两旁尽是奇形怪状的石头，虽是石头山，却长满密密麻麻的树木和山藤。天空骄阳灿灿，道上绿荫如盖，仿佛树藤伸出手来，有意拽慢我们的脚步。

石阶道上，我们与一幅"根包石"的奇景撞了个满怀：一块巨大的石头上，长着一棵根深叶茂的大树，一条条树根就像张开的章鱼爪，把大石紧紧地抓抱。这是何等顽强的生命力啊！同行的几位女士禁不住走上前去和这幅奇景合影。走在悬空栈道上，眼光沿着悬崖峭壁上溯，只见越接近顶峰的地方越发光秃秃的，而往下望，我们都悬在半空，有一种飘飘欲仙的感觉。让人惊叹的是，光溜溜的石壁上，竟然有些地方长着茂盛的野草。看来，小草的生命力并不逊色于树木、山藤。又前行了 10 多米，我的目光突然被一道光滑的石壁所吸引，石缝间有一股山泉倾泻而下，水虽不大，但实属难得。我用空瓶子盛了半瓶泉水，饮之，唔，清冽甘甜！像这样的山泉，我发现有好几处。因为有泉水，坚硬的石头山有了柔美的一面，如果把大山比作人，那他就是铁汉柔情。

走完悬空栈道，我们登上顶峰，看云卷云舒，群山连绵，绿浪奔涌。我终于领悟，石根山的"根"，至少有几方面的含义：从山脚到山顶，满目皆石，正是石造就了山的根基、山的雄伟、山的牢固；那些挺拔的树木和盘曲的山藤，因为有了发达的根系，所以能长盛不衰，让石山的面容不再冷峻，漾开了温和的笑靥；那些小草，根须疯长，无孔不入、无缝不钻，给裸露的石壁披上了绿色的纱绸，给石山增添了飘逸的灵气；"根包石"和"根钻石"，很好地诠释了"石根"的深沉内涵——坚定不移、坚持不懈，是石根山真正意义上的"根"。

登临石根山，总觉得有一股浩然之气溢荡心胸。读一座山，我读懂了它的坚强，它的沉稳，它的气度，它的底蕴。石根山，感谢你给我一个坚韧不拔的印记，一个目标坚定的指向，一个包容万物的胸怀。

（原载 2017 年 10 月 28 日《湛江晚报》第 19 版，这是为"读城"版撰写的随笔）

湛江，令人感动的一瞬间

"湛蓝的海，湛蓝的天"，这句广告词道出了湛江的魅力所在——碧海蓝天，空气清新。湛江除了自然环境得天独厚、魅力天成外，其市民助人为乐的行为更是一道亮丽的风景线。以下是我的亲身经历，我常常把它们从记忆堆里翻找出来，细细回味那一个个令人感动的瞬间……

一个红色的塑料袋

2012年的一天中午，天下着小雨，我骑自行车载着儿子穿行在赤坎幸福路。突然，"啪"的一声，挂在车头的8本新买的作文选全部散落在地，书角被雨水打湿，父子俩赶紧停车下来捡书。正当我们弯腰捡书时，我的身旁响起一个慈祥的声音："叔仔，给你一个袋子吧！"抬头一看，一位满头银发的婆婆，正向我递来一个红色的塑料袋。那一刻，我的心突了一下，感觉有一股暖流袭遍全身，我正想说声多谢，儿子却抢先一步："婆婆，您真好！

谢谢您！"回家后，儿子即时写了一篇作文——《一个令人感动的瞬间》。

一把红色的雨伞

2013年的一天下午，放学时间刚好遇上倾盆大雨，我开小车经过赤坎湾北路市29小的门口，眼睛不停地搜索儿子的身影。终于，我发现儿子正在校门对面的文具店避雨。我赶紧打开车窗，大声叫唤儿子的名字。儿子看见我了，正想扑过来，可是雨太大，他又缩了回去。短短五六米的距离，就像隔着一条波涛汹涌的大河……儿子过不来，我又不能熄火停车去接他，如何是好？正当我心急火燎之际，一位背着小孩的年轻妈妈，撑起一把红色的雨伞，送我儿子过来坐车……那一刻，我的心底飞快地涌起一股暖流。我顾不得大雨瓢泼，连忙打开车窗感谢她。"阿姨，谢谢您！"儿子又抢先道谢了。"不用谢。小朋友，快跟你爸爸回家吧！"年轻妈妈微微一笑，转身行走在茫茫的雨幕中。

一双有力的援手

2014年初，我骑电动车经过赤坎康宁路一酒家大门口时，由于我抬头瞬间被猛烈的阳光刺着眼，眼睛一时发黑，看不清前面的路况，"砰"的一声，连人带车摔进了一条狭窄的深沟。事出突然，我当时整个人都蒙了，只觉得两条大腿又麻又疼，酸软无力。待我清醒过来时，发现这条沟足有1米多深，是为安装电缆而挖掘的，我的大腿伤痕累累（一是被沟壁刮伤，二是被电动车擦伤）。我忍着火辣辣的伤痛，想将电动车车头抬起，无奈这沟过于狭窄，用不上力，尝试几次都失败了。正在茫然无助之际，迎面走来一位身材瘦高的男青年："叔叔，我来帮你吧！"男青年双手用力抬车把，我奋力抬车尾架，二人一齐发力，一下子就把电动车抬上地面。那一刻，我的眼眶湿润了。"靓仔，多谢您帮忙！"我大声地感谢他。"小事一桩，举手之劳。"男青年轻轻地说。

日子总是忙碌而又平凡，总会埋没一些往事，但这几幕得到好心人帮助的情景，常常在我的脑海里浮现。每回忆一次，我的心底便漫过一缕淡雅的馨香。我亦时时提醒自己，要乐于帮助别人。

一个令人惊喜的大拇指

礼让斑马线，是一座城市文明程度最直观的体现，从某种意义上说，也是助人为乐的行动——给予行人方便与安全。近日，我开小车经赤坎康顺路百姓村路口时，见一位 60 岁左右的阿姨准备过马路，便在斑马线前停车。可是阿姨犹豫不决，不敢踏出半步。于是我马上摆动左手，示意让她通过，她会意了，一边走，一边微笑着向我举起右手，伸出大拇指。那一刻，我的心里升腾起一股幸福感，真正感受到助人为乐的快慰！是啊！在微信上常常被人用大拇指点赞，而在现实生活中，很久没有像这样被人竖起大拇指点赞了。我知道，那位阿姨不仅仅是点赞我一个人，而是通过我去点赞更多遵守交通规则、主动礼让行人的司机，点赞

"创文"（创建全国文明城市）带来的新风尚和新面貌。

当前，湛江正在加快"创文"步伐，而"创文"正是从一件件小事做起。"勿以恶小而为之，勿以善小而不为"，文明，其实就是一种积淀。好人好事多了，好习惯形成了，整座城市的文明基因优化了，城市的形象美好了，城市就更加多姿多彩！湛江要增加魅力，就要靠每个市民的不懈努力。一座助人为乐蔚然成风的城市，一座自然环境和人文环境都优美的城市，哪位客人不钟情、不留恋？！

（原载 2017 年 9 月 9 日《湛江晚报》第 15 版，这是为"魅力湛江 我爱我家"专版写的随笔）

说说湛江的魅力

.

　　两张大圆桌，各围坐着 10 多人，桌上分别放着一个大铁盆（直径约有 50 厘米），一只盆装满花蟹，另一只盆装满大虾。食客们谈笑风生，大快朵颐。令人惊奇的是，他们既不吃饭，也不喝汤，只是钟情于盆里的虾、蟹——嘿，真是名副其实的海鲜宴！这是今年"五一"我在南三岛一家海边大排档看到的情景。看着他们这种吃法，我心想，他们肯定不是本地人。果不其然，他们的欢声笑语中飘荡着纯正的广州音，走近一问，真的是珠三角来客。

　　闲谈中，这些游客说，在湛江的海岛上吃海鲜，是真正原汁原味的超级享受。他们期望湛江快些通高铁，这样每个周末都可以来湛江吃海鲜，而不用等到放长假才来。听着他们的话语，我的脑海也升腾起一种热切的期望：高铁开通后，外地游客（特别是珠三角游客）将大量涌入湛江，湛江的海岛游将掀起新一轮热浪，"中国海鲜美食之都"的名头将更加响亮。而作为地处祖国大陆最南端的湛江，将以她的天然魅力迷住各方游客，她将是游客心仪的旅游目的地，而不是仅仅作为一个歇脚的驿站。此刻，我和大多数游客一样，多想大喊一声："高铁，高铁，我爱你！"

暑假期间，有位亲戚自山城而来，刚下火车走出南站，他便感叹道："你们这边舒服多了，我们那边很闷热呀。我家住在32楼，每天24小时都要开空调，要不就顶不住。"入住我家后，我叫他开空调睡觉，他说："不用，不用，你们这边的海风比较凉爽，我开个微型风扇就行了。"山城来的人，最爱看大海，于是我天天开车载他去看海、泡海水，东海岛、硇洲岛、南三岛、特呈岛、遂溪草潭镇、廉江营仔镇、雷州乌石镇、徐闻南极村、吴川王村港，半个月内，亲戚陶醉在大海的怀抱中，每天的话题总是离不开大海，连做梦也梦到自己扬帆大海……看海、玩海，令他的性格变得开朗起来。要不是开学季来临，乐不思"渝"的他怎么也不肯接过我为他买好的火车卧铺票。我说，天下无不散之筵席，只好期待下次相聚了；明年你全家一起来，我带你们去新的地方看海！亲戚依依不舍地走了，我相信，他在火车上做的梦，肯定是湛江的蓝天碧海；他回家后对妻女所说的，肯定是海滩、海浪、海鲜……滔滔不绝，海阔天空。

大海，是大自然赐予湛江的瑰宝。大海，对于住在山城、内陆地区的人们来说，具有令人神往的魅力。海里没有真龙，但我们可以围绕大海，看海、玩海、吃海，做到"一条龙"服务，真正令八方游客宾至如归，来了就不想走。这样，湛江自然是魅力倍添。

有位朋友来自内陆城市，那里气候干燥，他的鼻炎老是反复发作。见我经常在微信朋友圈晒湛江的蓝天白云、绚丽彩霞，又听我说湛江的空气可以"洗肺"，他忍不住了，在一个周末坐飞机来湛。朋友在湛逗留 8 天，我主要带他逛瑞云湖公园、三岭山公园、湖光岩，爬廉江塘山岭、遂溪螺岗岭、官渡笔架岭……置身公园、山岭，清新丰富的负离子，令人神清气爽、心旷神怡。朋友说，这几天来，感觉呼吸特别顺畅，鼻子舒服多了。几天湛江之行，他切身体会到"洗肺之城"的魅力。他对我说，他已作出一个重要的决定——在湛江买一套海景房，夏来避暑冬来避寒。我说，你是一位诗人，这样，你来湛江度假时，每天晚上都可以枕着涛声入梦了。

清鲜怡人的空气，是幸福湛江的宝贵财富，值得我们好好珍惜和呵护。空气是无形的，但我们可以借助其开发有形的项目，让外来的客人也能享受大自然的恩赐——天然的大氧吧。

湛江魅力万千，下笔千言也难说完，今天我就说这么多吧！

（原载 2017 年 9 月 1 日《湛江晚报》第 23 版，这是为"魅力湛江　我爱我家"专版写的随笔）

可燃冰与潜能

俗话说，冰火两重天。如今，冰与火却是完美的结合。2017年5月18日，中国地质调查局宣布，我国在南海北部神狐海域成功试采可燃冰，标志着中国成为全球第一个实现了在海域可燃冰试开采中获得连续稳定产气的国家。国人为之欢欣，世界为之瞩目。

为了开采可燃冰这种天然气水合物，我国足足经过了10多年的发力，经历了从跟跑到领跑的过程。

可燃冰的试采成功，对一个人的成长、拼搏有很大的启迪意义。通往成功的路途，往往不是一帆风顺的，总会有很多沟沟壑壑或悬崖峭壁，要达到成功的巅峰，必须有超常的毅力，矢志不移，坚持不懈。

我读初一时（初一才开英语课），刚开始的那一周，英语朗读环节我总是掉队，急得六神无主。因为当时还没有教音标，读单词主要靠模仿老师口音，并用汉字给单词注音。班上有两三个同学是留级的，每次朗读都是他们喊得最大声，脸上洋溢着一股傲视群雄的傲气。而正是他们那股傲气激发了我的雄心——一定要超越他们！于是，我暗暗发力，一方面向老师请教音标的读法，一方面加强单词、课文的背诵、默写和课后的朗读、练习。经过一段时间的努力，我的英语成绩跃居全班、全年级前列。这个经历说明，一时的落后并不可怕，可怕的是失去拼搏进取的勇气。只要心中有坚定的目标追求，成功总是青睐那些奋发向上的人。

海域可燃冰，这种超高能量的东西，如果只让它深藏寂寞的海底，它就是一种默默无闻的潜能。而要开采这种潜能，非下一番苦功不可。人的身上也有不少潜能，一旦发挥出来，也会像可燃冰一样，释放出巨大的能量，创造出一鸣惊人的奇迹。无论学习、工作、创业，都需要一种激情，当激情迸发之时，你就会勇往直前，斗志昂扬，攻坚克难，所向披靡！正如叶剑英元帅所说："攻城不怕坚，攻书莫畏难。科学有险阻，苦战能过关。"

当我们欢呼可燃冰试采成功时，请不要忘记科学家、工程技术人员付出的艰辛努力；当我们赞叹可燃冰燃起绚丽之火时，不要忘记它们在海底经受的漫长磨炼；当我们取得每一点成就时，请向自己身上的潜能致敬！

潜能爆发日，握手成功时。

（原载 2017 年 6 月 3 日《湛江晚报》第 14 版，这是为"海风"版"观海长廊夜话"专栏写的随笔）

"漂"出来的灵感

2016年7月，我一家人和邻居一家人赴信宜甲门峡漂流。说起漂流这玩意，我可是大姑娘上花轿——头一回，心里自然兴奋不已。

在漂流的起点，我们一家三口穿好救生衣，戴好头盔，登上皮艇。我和妻子分别坐在艇尾和艇头，各执一支浆，靠着艇边不停地划水，可是那皮艇偏偏跟我们作对，老在原处打转，这可急坏了我们。更为懊恼的是，由于起点处有一个漩涡，我们的皮艇就算前进了两三米，还是逃不出漩涡的魔力。那不断旋转的水流，不到一分钟，又将皮艇送回原点。没办法，只好土法上马，让妻儿坐在艇上，我自己下水推皮艇前进三四米。满以为可以随波逐流了，可是上艇后，两人一划水，皮艇又像无舵船一样在原处打转。此时，邻居一家人早漂至前方大约两公里远了，跟我一同下水的那批人也都驾轻就熟抢在前头了，而起点处又没有工作人员，真是叫天天不应，叫水水不听！

这个该死的漩涡，专门欺负新手，把我一家人足足困了15

分钟！唉，不是说"男女搭配，干活不累"吗？虽然溪水是清凉的，但我却急得面红耳赤、浑身冒汗。没人帮忙，只好自己想办法了。这时，我急中生智：既然两人分别在前后划水不行，不如我一个人划试试。我用浆在艇的左边划几下，艇头稍偏向右，再在右边划几下，艇头又稍向左，左右不断交替划，神奇，皮艇竟能几乎直线向前，甚至冲出了漩涡的势力范围！

这下，我的心头像灌了蜜糖一样甜。此刻，我明白了一个道理，划艇，虽然两人划力量大，但是动作不协调，不讲究平衡用力，所以艇只能在原处打转，停滞不前。

一旦掌握了划艇技巧，艇儿就在青山绿水间顺畅穿行，真是爽快至极！此刻，天特别蓝、山特别绿、水特别清，顺水划艇，神采飞扬。我想到了陆游的"山重水复疑无路，柳暗花明又一村"，李白的"两岸猿声啼不住，轻舟已过万重山"，孟郊的"春风得意马蹄疾，一日看尽长安花"……嘿嘿，恐怕到终点了，我的诗情还在继续发酵,倘若当时有《中国诗词大会》,我肯定第一时间报名参加！

全程 6 公里的漂流，我经历好几次激流冲浪的惊心动魄，但印象最深的还是在起点处学会划艇、脱离漩涡。万事开头难，当你遇到困难时，不妨多试一次，也许会峰回路转，找到解决方法。世间万物，讲究平衡，只有把握好了平衡，才能获得成功。

（原载 2017 年 3 月 4 日《湛江晚报》第 15 版,这是为"闲情"版写的随笔）

组合的魅力

最近，我带小孩进行了一趟珠澳游。在珠海某风景区，感受了烟花音乐喷泉晚会的魅力：一个偌大的人工湖上，在五光十色的光束照射下，音乐喷泉变幻着令人眼花缭乱的造型。与此同时，五彩缤纷的烟花朵朵绽放，艳丽无比。突然间，人群中发出阵阵惊呼，真正的高潮来了：只见湖面上猛然跃起 4 条水龙——滑水选手在进行花式滑水表演！表演者踩着水橇，在摩托艇的牵引下，或贴着水面飞行，或跃上 10 米左右的高空，还时不时翻上几个跟斗……烟花灿烂，音乐激昂，滑水浪漫，三者完美组合，令人目不暇接，心潮澎湃。

烟花、滑水、音乐喷泉，三者如单独表演，人们并不觉得新奇，一旦进行组合，则精彩纷呈，摄人心魄。这就是组合的魅力！日常生活中，组合出好东西的例子数不胜数。比如，大家爱喝土茯苓、粉葛炖猪骨汤，如果单是土茯苓炖猪骨或粉葛炖猪骨，味道有点涩口，二者跟猪骨一起炖则味道甘美。此外，中药组合，药效显著；工作组合，事半功倍；歌星组合，魅力四射；科技组合，

"长七"飞天……组合，对于事物来说，必须相生相促，物尽其用；对于人们来说，讲究团结协作，各方并进。

组合，组的是科学，合的是艺术。组合并不是滥竽充数的凑合，组合必须是优质集结和强强联手。

组合，是一首动听的合唱歌曲，生活因它更多一些完美；组合，是一出壮美的本色剧目，事业因它更多一些成功。

组合，相融互补，魅力迸发！

（原载 2016 年 7 月 30 日《湛江晚报》第 15 版，这是为"闲情"版写的随笔）

野菊花

夏日，骄阳，西风漫卷。

小区狭长的一角，长着一片野菊花，活像一张绿色的地毯，上面绣着一朵朵金灿灿的小花。小蜜蜂飞来了，小花笑得更灿烂。

看着这些金黄烂漫的小花，我的敬意油然而生。它们在高温、干旱的环境里能够随遇而安，保持旺盛的生命力，多么不容易！而作为高等动物的人类，往往最容易犯的毛病就是急于求成、急功近利，于是上演了一幕幕拔苗助长的故事……当你燥火上升，迫不及待要"拔苗"时，最需要一剂清肝明目、清心降火的良药——野菊花！

（原载 2016 年 6 月 25 日《湛江晚报》第 11 版，这是为"闲情"版写的随笔）

蝉蜕

　　蝉脱下了一件旧衣，立马艳光四射。它跃上硕果累累的枝头，扯开嗓门高声歌唱。沾满泥巴的蝉蜕，则默默留守低矮的树干，与老皱的树皮为伴。

　　蝉在拍拍翅膀，庆幸自己摆脱旧衣束缚时，也许它没想到，当螳螂等敌人悄悄袭来时，正是它的替身（蝉蜕）用逼真的表演迷惑了敌人，从而使自己脱离险境，在关键时刻保护了自己。古代的军事家更是聪明绝顶，把"金蝉脱壳"演绎得炉火纯青，使之成为三十六计之一。蝉蜕，不但是做替身的好帮手，而且是疏风清热的良药，对小儿发烧有独特的疗效。蝉蜕，为什么能清热退火？按我的理解，其一是接地气，本性偏寒凉。一查《本草纲目》，嘿！还真的是性味"咸甘，寒，无毒"。其二，是不浮躁。哈！这有点浮想联翩了！你看，蝉早就把蝉蜕遗弃了，但蝉蜕还是无怨无悔、不甘寂寞地待在原来的地方，笑看蝉的无限风光。

　　低调做人、高调做事，这是蝉蜕给予人们的启示。

　　（原载 2016 年 6 月 18 日《湛江晚报》第 11 版，这是为"闲情"版写的随笔）

一只萤火虫

立夏的前一天。

中午热浪滚滚，夏的狂热提前到来，而晚上则是凉风阵阵，春的温柔不舍离去。

晚上 7 点多，瑞云湖绿道两旁，成了萤火虫的主场。右边的灌木丛"繁星点点"，左边的桉树林"星光闪烁"，而绿道上，萤火虫也在不停地穿梭。嘿，这个美妙的夜晚，我简直漫步在"星光大道"！

边走边赏，夜很纯美，野花的清香幽幽放送。突然，我发现运动裤上有个东西在闪光，定睛一看，原来是一只萤火虫！我轻轻地用左手抓住它，然后缓缓松手。奇怪，这只小精灵还不肯飞走，在我的手掌心爬来爬去，一边爬一边闪烁着黄绿色的光……我连忙用手机拍下它的真容。两分多钟后，它才展翅高飞。

萤火虫飞远了，我的思绪才刚刚起飞……

这只萤火虫和我绿道相逢，面对陌生的我，为何不害怕呢？我想，它可能会发出一种声波，可以感知陌生环境的好坏和安全系数。哈哈，或许它能感受到我的善良和友好！

有位朋友的女儿，大学毕业已两年多，仍没找到正式工作。为何？原来，她生性腼腆，不敢和陌生人说话（乡下方言称胆小怕生为"做火炉皇帝，三脚大门都不敢行出"），故而每逢面试，她总是败下阵来，令人惋惜。其实，人于社会，就是要像小小的萤火虫，不管到了多么陌生的环境，都要尽情地发出自己的光。只有勇敢地展示自己，才能抓住稍纵即逝的机会，才能争取属于自己的舞台。

感谢这只萤火虫，让我的灵感也来一次闪亮的飞行！

（原载 2016 年 6 月 11 日《湛江晚报》第 11 版，这是为"闲情"版写的随笔）

寂寞，让蚝如此美丽

蚝乡官渡。

我蹲在一个开蚝档前，静静地看着档主挥刀连砍带撬，一只只肥白晶莹的蚝，告别了硬壳，滑进了绿色的胶盆。

蚝壳越堆越高，成了一座小山。一缕阳光穿透厚厚的云层，温和地照在敞开的蚝壳上，闪闪发光。

奇迹出现了！一只只蚝壳，内壁袒露着雪白，雪白之上点缀着美丽的图案，颜色或黯黑，或赭红，或淡黄，活像一幅幅精工细描的中国画。平时不起眼的蚝壳，上面竟然有如此精妙的杰作！我好像被黄蜂蜇了一下，心头猛地一震！

此刻，我的心开始涨潮。我想到了汹涌澎湃的大海，想到了海滩上、浅海上密密麻麻的蚝桩、蚝排。蚝自幼就饱受海泥的粘缠、海潮的冲刷，它们把柔软白嫩的身体，潜藏于一个个外表粗糙不堪的硬壳里面，从不忌讳别人说它们长得丑，而是一心一意修炼自己的内在美。

蚝，就是天然的艺术家。它们把大海的壮阔豪迈，浓缩在一个个拳头大小的空间内；把大海的乐观豁达，深深植入自己的内心。每天每夜，它们都用柔弱的身躯，不断撞击、打磨硬邦邦的壳壁。虽然伤痕累累，但它们从不放弃，直至小的伤痕蜕变成身上漂亮的花纹；大的伤痕凝结成厚硬的蚝脐，镌刻成千变万化的壁画。那一幅幅融汇大海精华和风韵的画作，往往要经历3至5年才能完成。幸福不会从天降，美丽也不会从天降。美，要一点一点积聚，一点一点磨砺，一点一点提升，才能臻至完美的境界。没有付出辛劳和代价，想一步登天到达成功的顶点，想将醉人的美丽手到擒来，无异于南柯一梦！

大海扬波，鱼虾畅游，翩翩起舞，快乐无边。蚝又何曾不想在大海遨游，和鱼虾携手共舞。可是，它们心里十分清楚，一旦离开自己的工作岗位随波逐流，它们的既有成绩就会打水漂，从而葬送获得成功和展示美丽的机会。因此，它们推掉一切"应酬"和游玩，坚守蚝桩或蚝排，闭关不出，专心致志作好自己的画。作画的过程，就是不断完善品质、锻造美丽的过程。

有首歌儿唱得好，"寂寞让我如此美丽"。想变得美丽，就必须耐得住寂寞。寂寞是深藏于黑洞的一个魔鬼，总是引诱你陷入欲望的无底深渊，总是令你心神不宁，扰乱你苦苦追求的目标。而蚝却能抑制住心头的毛毛虫蠕动，战胜寂寞，不断砥砺，从而让成功起舞，让美丽欢歌，赢得了"海底牛奶"的美誉！

……

"叔仔，你要的蚝开好了，刚好10斤。"我接过这袋沉甸甸的鲜蚝，满心欣喜。我不仅买到了纯正的官渡蚝，更经历了一次心灵的洗礼。一首小诗，如一尾金色的小鱼，在我的心海瞬间跃起：

让思想来一次闪亮的飞行

蚝门打开

走出一位白雪公主

今天的美丽出镜

挥别昨日暗藏的痛苦

你是海里的白莲

出淤泥而不染

我读懂了你

万般的柔情与刚强

（原载 2016 年 1 月 6 日《湛江晚报》第 19 版，这是为"海风"
版写的随笔）

摘山稔的好处

漫山遍野的山稔树，一簇簇黑得发亮的山稔果……这是在我老家的山头见到的情景。

周日，来湛避暑近 20 天的亲戚说，过两天要回重庆老家了。我说："我带你们去摘山稔怎样？"亲戚从未见过山稔，十分好奇，直说要去。于是，我一家三口和亲戚及其女儿，一共 5 人，驱车取道海东快线直奔目的地。

车子停在刚开通不久的新路上，路旁有一簇山稔果，正在展现成熟的风韵。我说："你们看，这就是山稔果！""哇，好可爱呀！"儿子像个小兔子，迫不及待奔上前去采摘。这里灌木丛生，芒萁遍布，藤蔓缠绕，山稔树大都高过人头。我带领他们穿行于一个绿色的、天然的大果园，野花、野草、野树散发着特有的清香，令人神清气爽。

"哇，好多啊！""好熟呀！""好甜呀！""摘到手都软了！"……耳边不时传来大家的欢叫。我的童真也被彻底激发了，不停地大喊大叫。不到两个钟头，我们就收获了足足七八斤全熟的山稔果。

摘山稔，我发觉有几大好处：一是置身山野，呼吸新鲜空气，是最好的"洗肺"途径；二是不停地走动，对身体是很好的锻炼；三是采摘果子的过程，是不停寻找的过程，提高了自己的注意力；四是采摘中不停地欢叫，能兴奋自己的神经，不知不觉忘掉烦忧，卸掉压力。还有，我们的劳动成果——山稔果，既可生吃，清甜可口，又可泡酒喝，补血益肾。山稔果是野生珍品，而且纯天然无农药，是真正的绿色食品。

老家的这片山头，以前长的山稔树并不多，但是山稔的生命力很强，它的果实成熟落地后，果籽散开，随山风而飘，随雨水而流，飘到哪流到哪，就在哪里生根发芽。因而如今这里成了山稔的世界、山稔的王国。它不怕干旱，不嫌土瘦，粗生易长。它容易满足，所以长势繁茂、果实累累。看来，人类也应学学山稔的知足常乐。

回到家，大家都喊饿，亲戚的小女儿不再挑食，说今天的菜真好吃。嘿，摘山稔还可以治挑食厌食的坏毛病呢。摘山稔，是一种有益身心的运动，一种制造欢乐的运动，一种洋溢幸福的运动。

回归大自然吧，让山稔带给我们一阵清新凉爽的野风，一种自由散漫的情怀，让我们收获一份纯真、一份美好！

（原载 2015 年 8 月 14 日《湛江晚报》第 20 版，这是为"海风"版"观海长廊夜话"专栏写的随笔）

植树的收获

关于植树的好处，教科书上说了很多，诸如绿化环境啦，净化空气啦，保持水土啦，等等。其实，好处还不止这些，且听我慢慢道来。最近，儿子随湛江日报社小记者团前往螺岗岭森林公园植树，我也同行。一次植树之旅，收获颇丰，感慨良多。

这次我们种植的树苗是木棉树。说是树苗，实则小看它们了：这些树全都长着粗壮的树干，起码有 4 米～6 米高，浑身布满密密麻麻的刺，跟美人树差不多。植树的难度在于把树干抬起，将树头挪入挖好的坑中。一开始，由于我没有硬纸板，只好用随身带的笔记本包住树干，用力往上抬，谁知手一滑，左手的中指和无名指立时被尖锐的刺刺伤，鲜血直渗。包好止血贴后，我忍痛继续植树。这时，旁边一位学生家长送来一块大纸板，帮我们把树干抬起、竖直。之后，我和儿子及其同学一起培土、踩实……终于大功告成。之后，我们又帮那位家长及其儿子植树。种了两棵树，大人、小孩都汗流浃背。植树也要讲究合作互助，这是我们的第一大收获。

中午，小记者们在螺岗岭就餐，他们都吃得津津有味。一向有点挑食的儿子这下胃口大增，嘿嘿，可以用狼吞虎咽、风卷残云来形容了！"今天的农家菜真好吃！""知道为什么吗？""因为肚子太饿了！""劳动本身就是一种很好的锻炼。""以后不用你催促，我知道要坚持锻炼身体了。"植树能锻炼身体、促进食欲，这是第二大收获。

儿子回家后，即时写作文，文中写道："猛然间望到已大汗淋漓的爸爸，心头不禁一震：父母亲哺育我已达 13 年，付出的心血和汗水，不知要比这次植树多出多少倍！我的眼里噙满了幸福的泪花，十年树木，百年树人……"看着这些似乎有点老成的文字，我觉得有一股暖流轻轻淌过心间，小家伙有长进了，懂得感恩啦！这次植树，我虽然弄伤了手，但收获了亲情，感动了儿子，真是不枉此行。这是第三大收获，也是意外的收获。

孩子的可塑性强，家长多带他们参加一些集体活动，对孩子的成长是大有裨益的。孝顺父母、尊敬长辈、懂得感恩，是家长和孩子们都要做好的功课。家长的行动本身就有示范性。

自然界万物中，其实存在着一条"感恩链"：蜜蜂感恩百花，百花感恩春天，春天感恩自然……

明年的春天，我一定要去螺岗岭种植一棵"感恩树"，感恩朋友的帮助，感恩同事的支持，感恩社会的锻炼……

（原载 2015 年 4 月 27 日《湛江晚报》第 20 版，这是为"海风"版"观海长廊夜话"专栏写的随笔）

饿虎扑食，抓住机遇

昨晚上网，看了一个"砸碎将军的钟"的故事：

亨利·哈里·阿诺德是美国的五星上将，被称作"美国现代空军之父"。二战时，一天，阿诺德把一群军官（其中几位是高级将官）叫进办公室，然后痛斥他们把一场空袭行动搞砸了。当时正值中午12点，办公室墙上的一只钟不合时宜地响了，发出了尖锐刺耳的报时声，打断了阿诺德的训话。阿诺德怒不可遏，吼道："该死的钟，难道就没人能让它静下来吗？"

军官们一个个愣站在原处，无所适从，唯独有位上校走上前，一把抓起桌上的一只空墨水瓶，用力扔了过去，墙上那只钟顿时被砸得粉碎。

竟然敢把将军办公室的钟给砸了？其他军官都替那位上校捏了一把汗，紧张地望着阿诺德。阿诺德走近那位上校，拍了拍他的肩膀，笑着说："你的办法虽然很粗暴，但毕竟解决了问题，从此它再也不会发出讨厌的吵闹声了。"

这位粗暴砸钟的上校名叫奥唐奈，从那以后阿诺德对他委以重任，很快把他提拔为准将。阿诺德没有看错人，奥唐奈果然在战争中立下不少功劳，最终被晋升为四星上将。

这个故事给人的启示是：遇到问题，一定要当机立断解决，否则就要错过机遇。

官渡之战，兵力强大的袁绍之所以被兵力弱小的曹操打败，就是因为袁绍处事优柔寡断，错失良机，让曹操钻了空子。

2012 年，我在考职称英语等级考试（A 级）时，有一道阅读理解的题目（要求判断对错）是这样的：She is a strong girl.（她是一个坚强的女孩。）其关键词是"strong"，一开始我理解为"强壮"，可文中没有表述女孩强壮的词语啊！于是我浏览一下全文，发现里面讲到女孩的经历比较坎坷。我想，"strong"在这里应该理解为"坚强"。还有 5 分钟就要交卷了，我立马在题目后打了一个勾。考试成绩出来后，我大吃一惊——刚好涉险过关，60 分！那道题的分值是 3 分，如果我迟疑不决的话，就意味着"冲关"失败。

现实生活中，机遇与问题并存。问题来了，如果你缺乏喷薄而出的解决它的勇气和决心，并且不达目标不罢休，那么你只能被问题包围、被问题淹没，乖乖地当问题的俘虏。机遇来了，你老在瞻前顾后，左思右想，始终没有出手去抓，机遇就会白白溜走。对付问题，你需要快刀斩乱麻；要抓机遇，该出手时就出手，如饿虎扑食。

优柔寡断，往往与失败相拥，凄凄泣如故；当机立断，常常与成功握手，朗朗笑今朝！

（原载 2015 年 4 月 14 日《湛江晚报》第 26 版，这是为"海风"版"观海长廊夜话"专栏写的随笔，标题有改动）

勇往，方能直前

买小车已有 3 年多，都是跑近路多，最远也只是去过徐闻、茂名，从未跑过长途。春节前，我决定来一次"长征"——千里驾车赴重庆探亲。朋友闻之，有大吃一惊的，有半信半疑的。更有一朋友直言：我刚从贵州回来，贵阳至遵义这段路，路窄车多，隧道、弯道、上下坡多，十分难走，建议你们还是坐飞机吧！朋友的一席话，差点让我打了退堂鼓。但最后我还是采纳了另一位经常跑贵州等地业务的朋友的意见：只要不超速、开稳车，是没什么可怕的。最终，我决定开车出行。

这次决定开车跑长途有两个目的：一是检验车子的性能，二是挑战一下自我。一路上，我开过广西 8 车道平坦的柏油路，开过贵州 6 连环隧道、急转弯上坡下坡路，开过重庆云阳的盘山水泥路、90 度急转弯上陡坡泥路……既领略了一马平川的快意，又感受了陡坡慢行的艰辛。经过此次"长征"，我不但提升了在复杂路面上的驾驶能力，而且考验了自己的意志和毅力。

我最大的心得体会是：勇往，方能直前！无论干什么事情，尤其是第一次碰到的事情，一定要有把它干好的勇气，而不要受什么经验之谈束缚。因为一个人的经验不是天生成就的，需要自己去探求、去摸索，甚至探险。经验，经验，不曾经历过，哪会有体验？唯有亲身经历过，才有刻骨铭心的体验。亲身经历是人生的巨大财富。

此外，要谨记"欲速则不达"的古训。途中，我见过不少交通事故，都是超速惹的祸。我不急不躁，坚持稳中求进，每隔一个服务区便停车小憩一会，以良好的精神状态驾驶，保证一家人安全到达目的地。现实生活中，有些人办事心浮气躁、急功近利，往往把事情办砸了。心急吃不了热豆腐，饭要一口一口地吃，有些事情需要从长计议，步步实施，方能取得成功。"牢骚太盛防肠断，风物长宜放眼量"，说的就是这个道理。

（原载 2015 年 3 月 3 日《湛江晚报》第 27 版，这是为"海风"版"观海长廊夜话"专栏写的随笔）

自信，弱点变强项

昨晚上网，看到一个故事：

他是一名狙击手。虽然入伍才一个多月，但在他的枪口下已经有 12 名侵略者被击中。在热带草原绿色的波涛中，他能一眼就分辨出钢盔和迷彩服的绿色与草地颜色的区别。而他之所以拥有这个能力，是因为他是个色盲患者（红绿色盲）。

入伍前，在一次绘画课上，老师让大家画一幅春天的图画。他画了草地、大树、房屋和太阳。他向大家介绍，自己画的是绿色的草地、黄色的屋顶、红色的太阳。教室里顿时发出惊天动地的笑声，原来他涂成了棕色的草地、黄色的屋顶、灰色的太阳。美术老师给了他 80 分，并告诉他："你虽然不能分辨一些颜色，但你要坚信，上帝不会少给你一种颜色。"

战争爆发后，部队特招一批狙击手，其中竟然也包括这位色盲患者。因为是红绿色盲，他意外地获得了一种特殊的能力，就是能从绿色的草丛中分辨出伪装色和绿草的细微区别，因而能准确地判断出敌人的方位。

战争结束后，他被授予了英雄勋章——他一共击毙了38个敌人。他的名字叫宾得，是二战时盟军一名优秀的狙击手。

看完这个故事，我深有感触：自信，对于一个人的成功是何等重要！故事中，美术老师的鼓励，让宾得燃起了自信心，宾得将自信之火越烧越旺，最终走向成功，成为英雄人物。

人人都有弱点，不能成大事者总是固守自己的弱点，一生都不会发生重大转变；能成大事者总是善于从自己的弱点上开刀，去把自己变成一个能力超强的人。一个连自己的缺陷都不能纠正的人，只能是失败者。

比如，一个人做事爱挑剔，鸡蛋也能挑出骨头来，在多数人眼里，这是一个弱点，这是不受欢迎的人。但如果把他（她）放到质检岗位上，他（她）就是称职的，甚至是优秀的。

俗话说，扬长避短。短，就是弱点。如何将"短"化"长"，关键在于自信。"寸有所长，尺有所短。"虽然在某一方面，自己暂处弱势，但不要心灰意冷，只要坚持不懈，去充实自己、完善自己，找准自己的方向，不求最高，但求最好，短处就会变成长处，弱点就会变成优点。关键是心态要摆正，不能跟最优秀的人比全面，但可以跟他们比局部，积小胜为大胜。

读高中时，每次上体育课，三级跳远我总比不上那些人高马大的同学，但到了立定跳远，我却跳出了2米65，排在班上前五名，令一众高大威猛的同学大跌眼镜。因我发挥了弹跳力好且掌握技巧的优势，弥补了身材瘦小的不足。

自信是自卑者的一剂良药，自信是走向成功的一级阶梯，自信是人生拼搏的一面风帆。一个时时充满自信的人，不管世事如何变幻，人生道路如何曲折，总能在"山重水复疑无路"之际，到达"柳暗花明又一村"的境界。

（原载 2015 年 2 月 8 日《湛江晚报》第 14 版，这是为"海风"版"观海长廊夜话"专栏写的随笔）

鸡腿与感恩

儿子正读初一，期中考试后，学校邀请我参加家长会。刚踏进教室，儿子拿着一个信封扑上前来："爸爸，这是我的秘密，一定要回家才能拆，记得哦！"

家长会上，有一个环节是感恩父母——给父母唱一首歌，给爸爸妈妈一个拥抱……我在想，难道儿子信中给我的也是感恩之类的话语？

回家后，我迫不及待地打开这封信，只见标题是"给你们一个鸡腿"——嘿，这标题好怪呀！继续往下看：

"在家里吃饭时，我总有一个习惯——讨厌吃鸡腿，专挑鸡胸肉。于是，鸡腿备受冷落，最后终于进了你们的口中。然而，班上每一个人都知道：在学校，我视鸡腿为珍馐，每每大快朵颐；在家里，我视鸡腿为'丑食'，往往不屑一顾。这是为什么？因为吃饭时，我的碗里总是'金玉满堂'，你们把好吃的都给了我，却啃着鸡骨、嚼着鱼刺。这样，我便把鸡腿悄悄让给你们……"

看着看着，我的眼眶不知不觉湿润了，心里既高兴又愧疚。

167

高兴的是，这小家伙懂得感恩了；愧疚的是，我对儿子不吃鸡腿总是习以为常，没想到竟藏着这样的秘密。

说起感恩，还得说说另外两个小故事：

儿子读四年级时，有一次，我骑自行车搭他到赤坎购书中心买了8本作文选。途经幸福路时，天空下起了小雨，挂在车头的塑料袋不堪重负，"噗"的一声，书全都掉在地上，有些书角已被打湿，我和儿子便忙着捡书。"叔仔，给你一个袋子吧！"我抬头一看，只见一位年近七旬的婆婆递过来一只红色的塑料袋，瞬间，我觉得一股暖流淌过心间。"快多谢婆婆！"我赶紧对儿子说。"婆婆，你真好！谢谢您！"儿子连忙道谢。儿子后来把这段经历写进了作文《一个令人感动的场面》。

儿子读六年级时，有一次放学正逢天降大雨，我只好开小车去接他。由于学校门前路段拥挤不堪，车子靠不了边，儿子正好在学校对面的文具店里等我，他没雨伞，跑出来肯定变成"落汤鸡"，而我又不能当街停车下去接他——真是急死人！突然，我看到了感人的一幕：一位背着孩子的年轻妈妈，撑着一把红色的雨伞，把我儿子送到车门旁……又是温暖的红色，又是一股暖流从心底涌起！我顾不得大雨瓢泼，连忙打开车窗，刚想多谢她，不想儿子口快，抢先一步："阿姨，谢谢您！"哈哈，这小家伙不用我提醒，懂得主动感谢别人了。

从儿子在家不吃鸡腿懂得感恩父母一事，我悟出了一个道理：感恩，必须从大人做起，从小事做起，从孩子抓起。感恩教育对孩子是一个很好的教育。只有父母懂得感恩别人、感恩社会，才能使孩子潜移默化地受到影响，让孩子感恩父母、感恩别人、感恩社会。

常怀感恩之心，时时帮助别人。你会发现，心胸会变得开阔，生活会充满阳光，社会将变得和谐。

（原载 2015 年 2 月 2 日《湛江晚报》第 20 版，这是为"海风"版"观海长廊夜话"专栏写的随笔）

打开一扇沟通的大门

　　小林表面上打开的是办公室的大门，实际打开的是人与人之间沟通交流的大门，正是打开了有形和无形的大门。渐渐地，找他办事的人多了，他的踏实肯干、乐于助人，赢得了大家的好评，最终他当上了院长助理。

　　小林的经历对于职场菜鸟来说，很有借鉴意义。一些初涉职场的新人，或不善交际，自己把自己封闭起来，或拈轻怕重，不敢挑重担，不想多干活。这样做的后果是，遇困难时缺少帮手，受委屈时没人替你解闷，而且给上级的印象也不好。

　　小林的经历，还有一个亮点就是，做职场菜鸟就是要多打打杂工，只要力所能及就有求必应，不要斤斤计较。乐于助人，无论什么时候总是受人欢迎的。姚明初到休斯顿火箭队，也经常给队友提鞋子呢！一个单位里，新人为元老服务，不管是出于新人对元老的敬意，还是元老有意或无意在摆谱，都是不成文的规矩。重要的是，新人释放了诚意，收获了元老的友爱，顺便铺平了通往未来职场的道路。

　　职场新人常被周围的亲朋好友警告："到了单位，要少说多干啊。"其实，这个说法不全面。少说，是指不夸夸其谈，闲谈莫论人非，但并不等于沉默寡言，不主动与同事进行沟通交流。新人变老手，途径有很多，学会与人沟通，是适应新环境、加快熟悉业务的重要环节之一。

　　多干活，挑重担；多交流，乐助人；不计较，不埋怨。这是职场新人的"三字经"。职场就是大森林，菜鸟先飞早入林。

　　（原载 2012 年 11 月 22 日《湛江晚报》第 26 版，这是就"感悟"版哲理故事《开门办公的小林》写的随笔）

亲身经历不能省略

　　某地农民急功近利，为了多采多卖，以烘代晒，省略了阳光，因而降低了山野菜的质量，从而自断财路，也影响了出口产品的销路和声誉。这位业务员把太多的时间花在觥筹交错的酒席和饭桌上，却没有亲自到山野菜的产地走一走，了解山野菜采收的有关情况。业务员不懂业务，变成一个陪酒员，变成一个地道的"吃货"。而正是由于缺少亲身经历，尽管他的简历写得再好，他的口才再好，最终还是在主考官面前露了馅——没有去过山野菜的产地，办事太虚浮，不踏实。试想，一个著名的国际贸易公司，它需要一个只会浮在上面夸夸其谈而不下基层、不参加实践、不搞调查工作的业务员吗？肯定不会！于是他丧失了一个本来胜券在握的大好机会，只能与高薪业务员的职位擦身而过。

　　"没有调查就没有发言权。"有些人以为这是一句口号式的话语，其实这是一句大实话。本来是一件很简单的事情，但是如果你没有亲身去体验过，往往就变成一个高深的问题。

　　我读小学四年级时，有一次校长说他很想吃自制豆芽，但是找不到装豆芽的器具。我听说后,心想:为何不织一个牛口笠(为防止牛在拉犁耙过程中偷吃作物影响耕作效率,农民给牛的嘴巴戴上的竹篾口罩)?可是我从来没有织过篾货呀!不怕,我先把竹篾削好,然后找来一个样品,照葫芦画瓢,花了两天(周六、周日)时间,终于把它织好了。当我把一个崭新的超大号牛口笠送到校长手中时,他不由得惊叹:"你真有手艺,竟然会织这个东西!"此后,校长的餐桌上便常常有了自制的豆芽,既环保又美味。校长高兴呀,还在全校周会上表扬了我呢!我的亲身经历说明,任何一件事,只有亲自去做,你才有经验,才会得到历练。

当今社会竞争激烈,要找到自己的一席之地,没有一技之长是不行的。要使出令人信服的真本领,就必须有亲身经历。亲身经历是人生最宝贵的财富,是丰富知识阅历、打牢业务基础必不可少的环节。踏实做人,认真做事,亲身经历只能增加,不能省略。

(原载 2012 年 11 月 20 日《湛江晚报》第 26 版,这是就"感悟"版哲理故事《省略阳光》写的随笔)

张弛有道，生活更美好

挂在墙上的弓，上好了弦，绷得紧紧的，让人想起这样的画面：战旗猎猎，风尘滚滚，金鼓齐鸣，号角喧天，一位英俊威武的将军，边策马奔驰，边弯弓搭箭，一支支离弦的箭纷纷射杀敌军……而货架上的弓，尚未上弦，轻松地平躺着，让人想起将军得胜回朝，马放南山，弓箭入囊……从刺激购买欲来说，挂在墙上的弓当然好卖，因为它的卖相好，但实际上，躺在货架上的弓却实力非凡。

上满弦的弓——张，给人一种一触即发的紧张状态；未上弦的弓——弛，则是一种悠闲安逸的状态。

古语有云：文武之道，一张一弛。纵观历史，许多在事业上有伟大建树的人，并不是夜以继日地工作和学习的。鲁迅惯于夜深人静之时奋笔疾书，但他每天下午必须休息以保持体力；马克思在长时间写作之余，常常会写上几首小诗或演算几道数学题来调节大脑；老舍喜欢在写作的余暇去养花……张弛有道，给他们带来了充沛的精神以及向困难挑战的勇气和活力，并使他们获得了成功。由此可见，善于工作、学习的人都会懂得适时休息，他们往往采用"梅花间竹法"。

一个人的精力总是有限的，不可能一年 365 天，天天都处于"上满弦"的紧张状态。天天精神绷得太紧，人会累倒病倒的，在需要冲刺的关键时刻，往往有心无力，难免败下阵来。当你觉得累时，要学会忙里偷闲，忙的时候，可唱唱歌儿、听听音乐、散散步，放松一下紧绷的神经。劳逸结合，既有益身心，又提高了工作效率，而且更容易出成绩。一些有创意的"金点子"，往往是在放松的时候闪现出来的。

俗话说：月盈则亏。一个人如果觉得什么都十分满足的时候，就要提防走下坡路，要从零开始，时刻把自己放在"亏"的位置，才有继续"盈"的希望和胜算。"虚心使人进步，骄傲使人落后"，不就是对此最好的诠释吗？

张弛有道，工作更快乐，生活更美好。

（原载 2012 年 11 月 16 日《湛江晚报》第 26 版，这是就"感悟"版哲理故事《上了弦的弓》写的随笔）

别让"忙"字偷走你的亲情

俗话说，有其父必有其子。故事里的这位忙碌的父亲，真是比杜甫、比包公还要忙，老是抽不出一点时间来陪陪儿子，做做"亲子功课"。等到儿子长大成人、成家立业时，儿子克隆了父亲的做法——"老爸，我很忙，我没空，我有空一定陪陪您……"父亲后悔莫及啊，为什么当初不从百忙之中抽点时间和儿子互动呢？儿子的有样学样，证明父亲和儿子之间已隔了一道冷得刺骨的冰河。亲情啊！莫非你已插上了双翼，什么时候飞得无影无踪？

年糕，要使它变得温润柔软，就要进行加温，或蒸或煎，否则它就是冷硬无比的东西。亲情亦然。要保持温情常在，亲人之间就需常常进行互动，让亲情得以升温、升华。你也许是商场的大腕，也许是职场的精英，但是如果忽视亲子这道"基本功"，你就是家庭的"败将"。你获取了令人羡慕的财富和地位，却培养出亲情冷漠的子女，你说，你的事业最终算成功吗？为人父母者，整天在外拼搏，图的是什么，归根到底，不就是为了子女的成材吗？培养子女，不是说你给了他们多少物质财富，你就是成功人士，最重要的是，你给他们塑造了一个为人处世的基本框架，一个有爱心、有孝心、有同情心、时时念及亲情的好榜样。

"找点空闲，找点时间……"这首歌儿不但是对子女说的，也是对为人父母者说的。父母要多抽点时间陪陪孩子，让孩子在亲情的乐园里健康成长。无论多忙，也不能忘了为亲情加加温，忙不能成为冷却亲情的一个借口。多做做"亲子功课"吧！它会令你心情舒畅，享受温情四溢的幸福！

（原载 2012 年 11 月 8 日《湛江晚报》第 26 版，这是就"感悟"版哲理故事《没空相处的父子》写的随笔）

过好"自己"这一关

　　婚姻指导师，顾名思义，就是为那些出现感情问题的夫妻或因一时冲动提出离婚的夫妻，提供婚姻咨询服务。很大程度上，婚姻指导师充当着心理医生的角色，对"患者"开出挽救婚姻、重归于好的"药方"。这位余先生，苦苦修炼3个月，即将出关之际，却功败垂成，教训可谓深刻。

　　余先生可能心有不甘，说中了培训中心精心设计的局。然而，恰恰是这道出人意料的考题，考出了作为一个合格婚姻指导师的基本素质——你要指导别人的婚姻，首先要把自己的婚姻指导好。试想，一个天天和自己妻子吵架、冷战的指导师，他有底气指导好别人的婚姻吗？反之，一个夫妻相敬如宾、家庭和睦幸福的指导师，他的指导才有说服力，才游刃有余。

　　日常生活中，往往有类似的现象：一些人在教别人的孩子时很有耐性，但教自己的孩子却缺乏耐性，动不动就呵斥、打骂；一些人在单位和同事有说有笑，回到家里却变成"冬天蛤"，和爱人话不投机半句多，缺乏沟通和交流……为何如此两极分化？

一言以蔽之，是"熟视无睹"在作怪。因为觉得是自家人，"朝见口晚见面"，对孩子凶一些无所谓，对爱人冷一些亦无所谓。而往往是这些"无所谓"，发酵出很多"有所谓"：对孩子凶惯了，孩子就会变成"反斗星"；对爱人冷惯了，爱人也会变成"冷面人"。一个家庭"冷气"多了，再多的"暖气"也难以融化厚如城墙的隔阂。

一个温馨的家庭，不是靠拍几张亲密照就可以秀出来的，而是通过夫妻双方"大事化小，小事化无"来合力营造的。一个合格的婚姻指导师，不是说你读熟了几篇论文就能当好的，而是要时时设身处地想一想：如果这样的问题发生在自己身上，该怎样处理？

一个不断向上攀登的创业者，其起点和顶点都在自己身上，过好了"自己"这一关，就可以成为一个实现理想的达人。最大的竞争对手，往往不是别人，而是你自己。

（原载 2012 年 11 月 6 日《湛江晚报》第 26 版，这是就"感悟"版哲理故事《最后一关》写的随笔）

请保留一份善心

　　一根小小的蜡烛，虽然它的光芒是微弱的，但是折射出人性的光辉。这是一份助人为乐的善心，一份毫无私心杂念的清纯。小孩的天真无邪与单身女子的老道世故，形成鲜明的对比。女子最后被小孩的真情感化，内心受到良心的谴责——人家好心来帮我，我却无端猜测别人的用心！

　　与人为邻，胜过近亲；与人为善，善有善报。一颗爱心的种子，我们要精心呵护，让它暖暖地发芽、朗朗地开花、满满地结果。多想想别人的好，你的心胸会有漫天的辽阔。

　　爱心诚无价，善心比金贵。

　　（原载 2012 年 11 月 2 日《湛江晚报》第 26 版，这是就"感悟"版哲理故事《孩子的心意》写的随笔）

"熨"平困难，成功就手

盛夏时节，蝉鸣荔熟。在树顶的那几颗荔枝往往是最红最甜的，但一下子手不够长，摘不到，怎么办？莫急，先把低一点的摘下来，再借助一端带有钩子和网袋的竹竿，把顶上风光的荔枝尽揽入袋。

外出求职或初入单位，给出的职位往往不对口。此时，你不要心浮气躁，宜先在低一级的职位干着，等你干出成绩了，自然有资本、有底气叫板更高一级的职位。一鸣惊人，给人的印象总是深刻的。求职，就好像爬大树摘荔枝，有一个阶梯原理。

生活中，有些人总是抱着"大鸡不吃细米""杀鸡焉用牛刀"的心理，老是就高不就低，誓不低头，往往对低一级的职位不屑一顾，认为白白浪费其宝贵时间，埋没其出众才能。殊不知，越是心高气傲，越是找不到好工作，升不了好职位，只能像候鸟一样频频跳槽，疲于奔命。所以，正确的态度是"大鸡也吃细米""牛刀也要小试"。肯吃"细米"，才能接上一个单位的"地气"，才不至于水土不服；牛刀小试，才能亮出你闯荡社会的杀手锏，扎好你立足单位的根基。

任何一个武林高手，苦练武功都要从扎马步学起，表演功夫也离不开沉稳踏实的马步。马到功成，不是靠嘴上功夫吹出来的，而是一步一个脚印打拼出来的。

做熨衣工有什么不好，你熨得平皱皱巴巴的衣服，还怕它什么困难？任何困难，在你的面前，不都是一堆皱巴的衣服吗？来吧，朋友，用你的意志和智慧把持人生的熨斗，熨平一个个貌似困难的皱褶，抚平一个个失落徘徊的挫折，等待你的将是绚丽多彩的大舞台！

（原载 2012 年 10 月 26 日《湛江晚报》第 26 版，这是就"感悟"版哲理故事《熨衣女工的出息》写的随笔）

成功的密码是态度

　　母亲的一杯酒，泼醒了她那浑浑噩噩、毫无进取心的儿子，儿子终于以当侍者为荣，步步走向成功，创立了大酒店，成了罗马餐饮业的"国王"。侍者成功的密码是什么？只有两个字——态度！侍者，就是服务员，要想工作出色，首先要端正态度：一是不能有自卑心理，老是觉得当服务员低人一等；二是不能怕苦，干什么都拈轻怕重。如果这两点都做不到，那么肯定是半途而废，徒劳无功。

　　我有一位朋友，他的女儿毕业于旅游专业，被分配到广州某知名大酒店。见习期内，她每天都要端菜盘、叠床铺，累得筋疲力尽，于是她退缩了，每天打电话向父亲诉苦，临近见习期结束时，她递交了辞职申请书。这样，她就白白地丢了一份来之不易的工作——原来酒店有意在见习期结束后，把她提拔为领班！她得知后，痛哭流涕，后悔莫及。

　　俗话说，万事开头难。对于刚刚走进社会的年轻人来说，吃一点苦头是大有裨益的。因为吃苦可以熟悉业务，可以磨炼意志。

现在苦一点，是为了以后甜一点。一个吃过黄连的人，再吃苦瓜的话，就会觉得很甘甜，世间还有什么苦味他（她）会怕？这就是苦尽甘来的道理。初涉社会，就是要从基层工作做起，因为"吃得苦中苦，方为人上人"。想吃香的喝辣的，又不想比别人多付出一点努力，天底下哪有这样的好事？那你只能做做黄粱美梦罢了。

用人单位，无论私企还是国企，都看不起眼高手低的人，只有积极肯干的人才会受欢迎。无须废话，成功的"功"字早已泄露了天机——功者，"工"与"力"也，有无功劳，能否成功，就看你做工是否尽心尽力，是否比别人付出更多的努力。

社会是赛场，实力见高低。态度是根本，功到自然成。

（原载 2012 年 10 月 18 日《湛江晚报》第 26 版，这是就"感悟"版哲理故事《成功缘于一杯酒》写的随笔）

张扬自信，处变不惊

　　隐鱼在紧急时刻忘记肛门在喉部，先把头钻进腔肠，这是一个致命的错误。人也是如此，我们往往会在危急之时忘记自己的致命弱点。由此看来，锤炼一颗处变不惊的心对于生存是多么的重要。

　　常言道，任凭风浪起，稳坐钓鱼船。当意外事件突然降临时，当事者首先要做到的是保持镇静，否则就会慌中出错，忙中添乱，更不用说从容应付了。而处变不惊，临危不乱，需要的是自信的底气。

　　小张到某报社应聘记者职位，面试时，当主考官的总编辑突然发问："你会'打'电脑吗？"这可是一道考人的题啊！其时，报社已采用北大方正激光照排系统，如果能熟练操作电脑，肯定会增加被录用的砝码。但问题是，小张在原单位仅仅会用四通打字机，而对报社的排版系统一窍不通。怎么办？说不会吧，肯定被刷下，说会吧，如果老总要你当场演示岂不是自揭己短？好个小张，只见他不慌不忙，把两个手掌张开，面带微笑道："老总，请您看看我这双手，手指为什么那么纤瘦呢，这是我'打'电脑'打'瘦的。"

小张一句幽默的话语，既表明自己是个爱岗敬业之人，又表明自己的打字速度不会低，而报社的排版系统可以很快熟悉。小张话音刚落，在座的几位考官不约而同地笑了起来。"年轻人，你反应挺快的！"小张成功闯关，被录用了！

处变不惊的能力，不是天生的，而需要不断学习，不断磨炼。厚积薄发，就能左右逢源，游刃有余。

（原载 2012 年 10 月 11 日《湛江晚报》第 26 版，这是就"感悟"版哲理故事《隐鱼的致命错误》写的随笔）

幽默就是力量

　　纪晓岚真不愧是铁齿铜牙，在谈笑声中，他与刘墉比谁的萝卜大，引乾隆入局，终于解决了一个原本难以解决的民生大问题。他用的是迂回曲折又幽默的方式。

　　生活中，言行的幽默不仅会引人发笑，还会使人身心愉悦。交际中，适时运用幽默，将令你收获意想不到的效果。

　　有一次，白宫举行钢琴演奏会，当里根总统正在讲话时，突然他的夫人南希不小心从椅子跌落到地毯上。恰好里根看到了这一幕，在他确认夫人并没有受伤后，说道："亲爱的，只有在我没有获得掌声的时候，你才能这么表演，难道忘记我偷偷告诉过你的话了吗？"顿时，台下响起了一阵笑声和掌声。

　　原本是一件极其尴尬的事情，假如里根装作没看见或者责备他夫人的话，便会使其夫人觉得脸上不光彩。然而，里根总统的幽默语言不仅化解了他和夫人的窘境，获得了观众的认可，而且在无形中拉近了他和观众之间的距离，可谓一举两得。

　　在某航空俱乐部的一次聚会上，一位漂亮的空姐身着低胸晚礼服，脖子上挂着一个精致的金色小飞机装饰，由颈部垂下来，正好到胸部的位置。一位军官迎面走过来，看到空姐胸前的装饰很别致，便不由自主地多看了两眼，正好看到了空姐丰满的胸部，军官觉得有点不好意思，便低下了头。这时，空姐笑着问："啊，先生，你喜欢这个金色的小飞机吗？"军官不假思索地脱口而出："小飞机自然很漂亮，但更漂亮的是……"空姐一听，以为他说的是胸部，羞得满脸通红，军官见状，不紧不慢地接着说："更漂亮的是机场。"顿时，尴尬在幽默的话语中化解了。

化解突发尴尬，融洽人际关系，幽默是一种力量，是一种在不知不觉中能打动人和感动人的力量。它就像阴雨天的阳光，冬天里的青草，沙漠里的甘泉一样，给人以惬意和舒适的感觉。

（原载 2012 年 9 月 28 日《湛江晚报》第 26 版，这是就"感悟"版哲理故事《巧比萝卜办大事》写的随笔）

旁观者清

酒店加装电梯，工程师和建筑师的思路一直在楼内打转，他们的最佳方案就是在每层楼打个大洞。可是如此一来，噪声震耳，灰尘滚滚，谁还愿意到酒店就餐或住宿呢？除非酒店停业装修。可停业会导致损失巨大呀！有没有更好的办法，做到装电梯与营业两不误呢？有！清洁工常常与灰尘打交道，她最清楚灰尘对人们生活的影响，何况这里是酒店呢？于是她的想法简单得很，干脆把电梯装在楼外，这样一来，施工期间就不影响酒店营业了。但有一点她没想到，她的建议令观光电梯从此诞生了！

工程师和建筑师的思维，是单向思维，就像灌香肠一样，只知道往一个方向想，而且是"内循环"；清洁工的思维，是发散性思维，是"外循环"，从外部环境考虑问题。工程师和建筑师的点子为什么比不上清洁工的高明？因为当局者迷，旁观者清。

任何一个单位，任何一个决策者，应多听听旁观者的意见，因为旁观者的意见，往往会使过程举重若轻、事半功倍。只有虚心听取别人的意见，才能令决策更加科学可行。

（原载 2012 年 9 月 26 日《湛江晚报》第 27 版，这是就"感悟"版哲理故事《观光电梯的诞生》写的随笔）

错中求正，反败为胜

"错"出来的成功，看似天方夜谭，实则在生活中真实上演。过去如此，当今亦然。当错误既成事实，是顿足捶胸，唉声叹气，一蹶不振呢？还是错中求正，反败为胜呢？这考验着一个人的智慧和韧劲。先来看一个例子：

很久以前，据说去黄山的鱼贩都是千里迢迢徒步去的，等到把鱼送到目的地时，鱼已经开始腐烂。黄山人将死马当作活马医，把臭鳜鱼腌制一下，再入锅烧煮。烧好的鳜鱼，闻起来臭，吃起来却异常香。这以后，鱼贩就索性用一层盐一层鱼的方法储存鳜鱼，再运进黄山。于是，便有了闻名遐迩的黄山臭鳜鱼，不知有多少食客为这独特的滋味所倾倒。臭鳜鱼歪打正着，成就了人间美味，化腐朽为神奇，令人叹为观止。

当我们发现错误结果，陷入困境时，是一味回避退缩，还是迎错而上，用创意另辟蹊径？歪打正着，剑走偏锋，反而会助你走向成功！

生活中出现错误，这很正常，难能可贵的是从错误中发现成功的契机。换一种思维，从错误中看到成功的希望，那么错误也就成了我们的老师。箭牌口香糖第三代传人小瑞格理一语道破了成功的天机，那就是"大胆犯错"——须知机遇只有在犯错的过程中才能发现，只有经历错误的尝试，才能清晰地找准成功的方位。

　　错，只是昔日的失误。吸取教训，把握机遇，夺取成功，错误就成了成功的基石，成了千金难买的法宝。

　　（原载 2012 年 9 月 20 日《湛江晚报》第 26 版，这是就"感悟"版哲理故事《"错"出来的成功》写的随笔）

风物长宜放眼量

表面上看，这几个美国人傻得可爱，买了柿子却不带走，而只要拍摄采摘、贮存柿子的过程。实际上，他们精明得很呢！1000 个柿子仅值 20 美元，而将柿子录像制成拥有专利的"信息产品"，则是无价之宝。正是：眼界决定境界的高低，眼光决定利益的大小。

"牢骚太盛防肠断，风物长宜放眼量。"放眼量，就是说，人生在世，应该放开眼界，以阔大的胸怀看待世间万事万物，要站得高才能看得远。

在一个企业中，决策者是像文中的柿农一样只看到眼前的、比较直接的小利益，还是把眼光放长远一些，发现更大的、比较隐蔽的大利益呢？这可是个大学问。明智的人总会在放弃微小利益的同时，获得更大的利益。舍得，舍得，有小舍才有大得。

（原载 2012 年 9 月 13 日《湛江晚报》第 26 版，这是就"感悟"版哲理故事《美国人买柿子》写的随笔）

选择专一，终获成功

　　摆地摊摆出了自己的专卖店，摆出了世界第二大成衣零售商。奥特加的经历说明：一个人的选择并不是越多越好，因为多了反而拿不定主意，无法坚持到底。那些选择专一的人，最终获得了成功。

　　蝴蝶和蜜蜂都爱花，不同的是，蝴蝶这朵看看，那朵摸摸，始终没有选中一个目标，而蜜蜂看中一朵则沉下身心，慢慢吮吸清香的花液。最终的结果呢，蜜蜂酿造了丰盛的蜜糖，享受着甜蜜的事业，而蝴蝶只有羡慕嫉妒恨的份儿，只有垂涎三尺的份儿，还落得个"花心蝴蝶"的臭名。

　　日常生活中，有些人就像"花心蝴蝶"，什么都想干，但没有一件干得好。原因何在？就在于这些人的目标太多，花多眼乱，没有专注做好某一件事。人生犹如竞技场，必须一场一场地打拼，才有机会登上冠军宝座，成就事业的大满贯。另一方面，当你认准了一条道，就要坚定地走下去，否则"军师多打烂锣"，你不知听取哪一位的"高见"，就会白白错过抓住成功的机会。

　　做事就像啃牛筋，贪多反而嚼不烂，饭要一口一口地吃，理想需要一步一步地实现。在自己的心中划定一个目标，不要浪费每一分钟，用你的智慧和勇气扫荡一切困难，用自己百分之百的努力迎接百分之一的机会，专注就会成就辉煌。

　　（原载 2012 年 9 月 4 日《湛江晚报》第 26 版，这是就"感悟"版哲理故事《摆地摊摆出的成功》写的随笔，标题有改动）

困难最怕有心人

带伤疤的苹果，光从外表看，它肯定不受欢迎，哪位消费者不喜欢"身光颈靓"的水果呢？但杨格真是一个心细如丝的人，他发现了"伤疤苹果"的底蕴——被冰雹打过后变得格外脆甜。于是他紧紧抓住"味道甘甜"，打出了化腐朽为神奇的一副好牌。杨格真不愧是一位经营高手。我们都知道，经商必须讲诚信，否则一旦被消费者识破，自己辛辛苦苦打造的招牌就会被砸烂。杨格在没有违背诚信的前提下，将"伤疤苹果"外表丑陋的不利因素转化为肉质香甜的有利因素，这就是他的高明之处。

邻居张生的儿子最近学习成绩不太好，张生的妻子有点着急了："怎么能让孩子听话，好好学习呢？"张生说："你看着吧，我一不打、二不骂，也能让儿子好好学习,提高学习成绩！"一天，吃完晚饭，张生把儿子叫过来，一脸严肃地说："孩子，最近成绩不太理想吧？"儿子沮丧地低下了头:"嗯,提高成绩太难了！"张生说："咱们先说好了，期末考试考得好，我给你买辆最新款的自行车骑着玩；不好的话你老妈给你买架钢琴在家练琴，你看怎么样啊？考虑考虑，自己看着办吧！"张生的儿子果真乖乖听话，发奋攻读，期末考试考了全班前五名。真是知子莫若父，原来张生的儿子活泼好动，听课时往往精神不集中，成绩因此下滑。张生紧紧抓住"好动"，给出了"骑车"与"弹琴"两道选择题，不用打不用骂，令儿子走上专心学习的轨道，真是高手！

当貌似庞然大物的困难挡住你的去路时，是消极躲避还是主动迎战，考验着一个人的胆识和魄力。困难，其实就像拳击赛场上强有力的对手，只要你找出对手的破绽，就能彻底击败对手。解决困难的途径有很多，但万变不离其宗的是细心，只要你细心处事，总会找到问题的症结，总会找到破解困难的法宝。

世上无难事，只怕有心人。困难，只会欺负那些马虎应对之人，问题只会绊倒那些走马观花之人。细心、耐心、恒心，是战胜一切艰难险阻的利器！

（原载 2012 年 8 月 28 日《湛江晚报》第 26 版，这是就"感悟"版哲理故事《带伤疤的苹果》写的随笔）

适度距离产生美

燕子既是益鸟（捕虫能手），又是聪明鸟，它的智慧在于：筑巢于房梁屋檐，与人类保持着不远不近的距离，因而它与人类能和谐相处，并"人丁兴旺"。燕子的智慧对人类很有借鉴意义，可以称之为"燕子哲学"。

我们在观看油画时，近观是一片模糊，看不出什么艺术特色，而当你面对油画往后退到一定距离时，你就会发现，画面清晰、层次分明、色彩丰富、立体感强。

情人眼里出西施，热恋中的男女，总会觉得对方十分完美。这是因为，双方的心里都灌上了荔枝蜜，即使偶尔尝尝黄连，也不觉得苦了；双方的体内都燃烧着高纯度酒精，瞳孔里放大的全都是对方的优点。坠入爱河的人，虽然有肢体上的亲热动作，但心理上还有一定的距离。随着走进婚礼殿堂，走进柴米油盐的生活，夫妻双方心底秘密的城堡逐个开放，达到了亲密无间的境界。此时，双方的缺点暴露无遗，吵架、冷战难以避免。这是因为距离太近了的缘故。

　　爱情，其实就是一幅赏心悦目的油画，只有学会如何欣赏，才能体会那种层次分明、人物鲜活、色彩均匀的美妙！懂得热爱生活、品味爱情的人会相互理解和体贴，给对方最深切的支持，生活也会因此充满情趣和活力。

　　交际中，人与人之间也应该保持一定的距离，原则是让自己愉快、让别人轻松。亲人之间，距离是尊重；爱人之间，距离是美丽；朋友之间，距离是爱护；同事之间，距离是友好；陌生人之间，距离是礼貌。

　　远了生出不满，近了又生出矛盾。适度距离产生美，更能增加吸引力，这是保持友谊的基础，也是为人处世的技巧。如果有哪位歌手约我作词，歌名当然是——"适度距离产生美"。

　　（原载 2012 年 8 月 23 日《湛江晚报》第 26 版，这是就"感悟"版哲理故事《燕子的智慧》写的随笔）

知足才能享福

　　说句老实话，能享受吃鱼眼待遇的，都是宠儿。我就有这样的亲身经历：小时候，家里穷得叮当响，要想吃上一顿鱼，尤其是有鱼眼可挖的大鱼，那简直是高级待遇。盼星星盼月亮，终于盼来了好消息——老爸用省吃俭用的钱买了两斤"大眼睁"。这种咸鱼其实早已过了保鲜期，鱼肉吃起来有点霉变的味道（因此俗称"霉香鱼"），但我和哥哥都觉得挺香，于是胃口又大增了。老妈吃鱼的时候，总是吃鱼头、鱼刺，鱼眼则留给我吃，哥哥也让着我，把鱼眼夹给我吃。一颗大大的鱼眼，对我来说，简直就是一颗珍珠，我轻轻咬去外面一层软软的东西，再慢慢咀嚼着眼珠，直到把它全部咬碎……那味道真是令人回味无穷！如今生活比以前好多了，儿子却有些挑食，于是我跟他讲起我小时吃鱼眼的故事，儿子很受感动，在日记中写道："爸爸小时候吃鱼眼真是一种高级享受，我现在也要多吃鱼，吃鱼眼，不能挑肥拣瘦，这样身体才能棒棒的……"

　　《鱼眼里的爱情》中的这位姑娘，身边有那么一位疼爱她、为她掀鱼眼的男友，可是她却不懂得珍惜，嫌男友不够富有，白白放弃了真挚的感情。鱼眼，她此生恐怕只能在梦中回味了。

俗话说，人心不足蛇吞象。人的欲望，就好比登山，一峰还比一峰高，但每一峰都有自己独特的风景，不一定要登上顶峰才风光。因而，身在"宠"中要知足，身在福中要知福，有人疼爱你，就要懂得好好珍惜啊！

幸福，就像路边一丛熟得发紫的山稔，如果你不懂得它的好，就有可能被人家摘取。幸福就像一辆在郊外奔跑的跑车，不一定在享受风驰电掣的时候才幸福，停下来欣赏沿途的风景也幸福。"下马观花"有时比"走马观花"更有幸福感。享受幸福，有时要懂得刹刹车，把机遇抓住，否则油门一踩，它又溜得无影无踪了。

知足者常乐，要知足才能享福，否则幸福临门了，你一脚把它踢开还不知道呢！幸福，幸福，有幸结缘，才能幸福。

（原载 2012 年 8 月 21 日《湛江晚报》第 26 版，这是就"感悟"版哲理故事《鱼眼里的爱情》写的随笔）

在忍耐中积蓄力量

　　卖马粪，好一条出其不意的妙计！"屎窍"一词的正宗源头恐怕出于此。唐太宗不愧是"马上皇帝"，能做到居安思危。他登基之初，百废待兴，国力微薄，只能忍辱负重，表面上继续对突厥称臣。唐太宗的远见就在于：忍一时之气，在忍耐中积蓄力量，待力量足够大时，再出兵征讨突厥。卖马粪之举，对外释放烟幕弹迷惑了突厥，对内则治理了内患。

　　厚黑学家李宗吾称李世民是一个"厚黑大师"。这里我不考究李世民"黑不黑"，只说说他的"厚"。厚，可以理解为脸皮厚，如果脸皮不够厚，他就不可能放低大唐皇帝的架子，向突厥屈膝称臣。武将出身的他能练就如此深厚的忍耐功夫，他的境界已不是"厚如城墙"，而是"厚而无形"。其实，精通厚黑之术的何止李世民一人，越王勾践就是一个典型。勾践为了在暗中积蓄打败吴国的力量，卧薪尝胆，可以睡马棚、吃马粪，从而迷惑了吴王夫差。夫差心想：勾践这小子胸无大志，不必担心他有什么越轨行为，放心享乐即可。

人的一生中不可能天天阳光明媚，日日一帆风顺，当面对挫折陷入困境时，你是在愤恨、抱怨中自暴自弃呢？还是把挫折转化为激发自己前进的动力，踏踏实实地做事呢？答案是：在逆境中积蓄力量，励精图治，最终方可出人头地。

其实，换一种眼光看世界，挫折对人生并不是消极的，反而是一种促进人成长的积极因素。因为，生命是一次次的蜕变过程，唯有经历各种各样的挫折，才能使人生得到升华。如果你已是一个成功者，只要回想一下，就会发现真正促使你进步、成功的，不单是你自己的能力，不单是朋友和亲人的鼓励，更多的时候，是生命中那些折磨过你的人激发了你的潜能，促使你不断进步。因此，你应该感谢那些折磨你的人，他们在折磨你的同时，也在成全你，正是他们让你成长、成熟、成功！

蚕之所以能变成美丽的蝴蝶，是因为它在看似短暂却又漫长的3个月里忍受了孤独、黑暗和饥渴，最后终于迎来了展翅高飞、五彩缤纷的生活，这难道不是忍耐的结果吗？学会忍耐，把握时机，用理性的方法去想问题、办事情，逐渐积蓄力量，我们才能够有所作为，获得成功。

（原载2012年7月20日《湛江晚报》第26版，这是就"感悟"版哲理故事《李世民卖马粪》写的随笔）

独辟蹊径者，胜！

不看不知道，一看吓一跳：原来以前的乐队指挥是用一根10多斤的铁棒来指挥，而且要提着铁棒按着节奏捅地面！既浪费体力又不雅观，还会戳坏地板……

好在史博并不受传统束缚，而是利用别人练臂力的时间研究音乐，并把大铁棒换成了小木棒，不用捅地面发出"砰砰砰"的噪声，而是在空中比划旋律线，既省力又优雅，创造了一个指挥棒的经典。

众人都走过的路，其路旁的果树往往没有果子留下。成功需要独辟蹊径，走别人未走过的路。

在一次很权威的生活摄影大赛中，一名年轻人从千千万万摄影爱好者中脱颖而出获得金奖。

年轻人被音乐和掌声簇拥上台，当他谈及获奖感想时，他开口便说："那不是我最好的作品……"台下一片哗然，以为他狂傲，谁知他讲的是实情。半年前，他家中失火，照片底片全部被烧光，参加评比的那幅照片是相册中夹不下被淘汰，并被妻子拿到丈母娘家才得以幸存的。众人折服于他的才气，想象在大火中化为灰烬的那些"最好的"，不知要好到怎样。

一个金奖让他信心倍增，下一次大赛前，他精挑细选，送出自己最满意的作品，却没有获奖。再下一次……每一回他都憋足了劲，却终究没能再获奖。于是有人想到，获金奖之前他也曾数度参加评奖，均空手而回。他唯一的那个金奖也许正因为"那不是最好的"，要是没有大火的淘汰，要是总按他自己的那个"最好"的标准，他也许永远与金奖无缘。

"昨夜西风凋碧树，独上高楼，望尽天涯路。"清代学者王国维在《人间词话》中将此句诗词作为治学的第一境界。独上高楼，关键在于一个"独"字。"独"除了孤独外，还有更深一层的意思——独辟蹊径，只有独辟蹊径，才站得高看得远，取得高于常人的成就。

创新与否，其实就像驱车一样。如果我们老是以轻车熟路为荣，从惯常思维出发，老是不敢跑新路，那么更多独特、亮丽的风景就会与你失之交臂；如果总是跟随别人，不敢超车，那么你呼吸到的只有尾气，永远呼吸不到新鲜的空气。

大胆地跑新路吧！人生的所有胜景，只会展现给善于独辟蹊径的人！

（原载 2012 年 7 月 18 日《湛江晚报》第 27 版，这是就"感悟"版哲理故事《"偷懒"与经典》写的随笔）

信任的力量

　　将军信任小偷，小偷报答知遇之恩，出其不意取了敌方主将的首级，将军得以乱中取胜。这个故事说明，信任可以诞生奇迹。"信任"二字，其实包含两方面意思，一是"信用"，二是"任用"。为人处世，自己必须讲诚信、守信用，才能获得别人（同事、朋友、上级等）的信任。信任也需要勇气和胆识，这就是用人不疑，你既然信得过别人，就要敢于任用别人，让别人有一方自由舒展的舞台。

　　西楚霸王项羽雄心勃勃，一心想独霸天下，奈何他生性多疑，中了刘邦军师陈平的反间计，疏远了自己的军师范增。当初项羽与范增亲密无间，情同父子，项羽口不离"亚父"，对范增言听计从，后来项范二人却形同陌路，范增竟郁郁而终。项羽本来就是一勇夫，有勇无谋，没有了范增的锦囊妙计助阵，光靠"死牛撑硬颈"的一股蛮劲，就算他破釜沉舟，也难免兵败如山倒，最后落得个四面楚歌、乌江自刎的悲惨结局。

　　唐太宗李世民收到一奏章：400 名将被问斩的囚犯日夜痛哭，

问其原因，不是怕死，而是心中有未了之事，或家中老母不曾安顿，抑或债务纠纷还未了断等。奏折恳求提前问斩，李世民却朱批囚犯归家，待后事处理完毕再回来受刑。后来，那些死囚没有一个不归牢的。群臣大为惊叹，说皇上英明。其实，李世民只是用他的信任打动了那些囚徒。

孔子曰："民无信不立。"如果人与人之间没有了信任，每天生活在相互猜忌、钩心斗角之中，其结果只能是众叛亲离、孤立无援。信任的力量是无穷的。信任，令生活温馨幸福；信任，令事业硕果累累；信任，令人生阳光普照；信任，令社会平安和谐。

（原载 2012 年 7 月 12 日《湛江晚报》第 26 版，这是就"感悟"版哲理故事《将军与小偷》写的随笔）

辟谣更需斗智

当谣言像雪花一样漫天飞舞，当谣言像水浮莲一样拼命疯长，当谣言像洪水一样汹涌澎湃……谣言就成了一个十恶不赦的魔鬼。

对付谣言，我们的武器就是"谣言止于智者"：一方面是受众要理智，不充当传谣者的角色；另一方面是辟谣者要巧用智谋澄清事实，制止谣传。要制止谣言这样的脱缰野马和失控车轮，更需要辟谣者主动出击，斗智斗力，用智慧制服和控制之。当空穴不再来风，一切的谣言就会戛然而止。

谣言的传播速度，为什么这么快？有什么秘诀？无非就是"以讹传讹""一传十，十传百"。谣言与真相的斗法，你魔高一尺，我道高一丈。辟谣，有时并不需要大张旗鼓，唇枪舌剑，只需要无声胜有声的一个具体动作。"守卫马铃薯"，只需几个士兵站站岗，演了一出哑剧，就使谣言烟消云散，绝！这不正是智慧爆发的力量吗？

古时候，谣言靠口头传播，其传播范围受到一定限制，如今，网络可以让谣言在短时间内有惊人的覆盖面。因而，对付张牙舞爪的谣言，我们的辟谣者，尤其是政府部门，更需要主动打响反击战、截击战。你的工作主动了，谣言就被动了，事实真相就明朗了，人间正气就张扬了。

网络时代，一旦"谣"兵来袭，我们要及时通过微博和网民沟通，让公众明白原委，消除质疑。真相一旦大白于天下，"谣"兵自然就偃旗息鼓，再无东山再起的能力。

兵法有云：攻城为下，攻心为上。与"谣"兵作战，既要斗勇更要斗智。心力较量，智者为王，真相的旗帜高高飘扬。

（原载 2012 年 7 月 6 日《湛江晚报》第 26 版，这是就"感悟"版哲理故事《守卫马铃薯》写的随笔）

"穷" 出无穷力量

俗话说，千金难买少时贫。意即多少金钱都买不来年少时的贫苦给人带来的激励。这句话更深层的涵义是这种贫苦能激励人奋发图强。这句话揭示了一个普遍真理：一个人长期生活在富贵温柔乡中，其吃苦耐劳的精神会减弱，开拓创新精神会衰退，勇往直前的战斗力会丧失。

有时，阻止我们前进的不是贫穷，而是优越。因此，在生活中，我们必须历经一些磨难，方能丰富人生阅历，砥砺韧性和耐性，增强毅力和张力。

酸杨桃，酸涩多渣，多数人都不喜欢吃，但如果经过寒霜的冷冻，它会变得酸甜适中、肉质爽脆，而且还可以不用加醋，做成一道令人垂涎三尺的酸甜排骨。有一道脑筋急转弯叫"狼来了（猜一种水果）"，答案是"杨桃（羊逃）"。实际上，杨桃没有像羊逃避狼那样胆小怕事，而是勇敢地接受冷风的侵袭、寒霜的洗礼，最终有了脱胎换骨的蜕变。

在人生的金字塔顶，摆满了成功的金牌和荣誉的花环，但它的塔身和台阶却是由一块块称为磨难的基石铺就。只有踏着这些磨难基石往上攀登，才能到达胜利的顶峰、辉煌的顶点。

穷，"穴力"也，"穴"的下面隐藏着坚强的力量，关键是找到爆发的引子；贫，"分贝"也，只要努力奋斗，就可以分享财富的丰盛，分享成功的喜悦。

（原载 2012 年 6 月 7 日《湛江晚报》第 26 版，这是就"感悟"版哲理故事《没有鱼鳔的鱼》写的随笔）

梦想，创造的温床

"你简直是白日做梦！"不少家长在数落孩子时，常常这样说。家长的出发点是叫孩子不要胡思乱想，殊不知，很多创造和发明，都是从胡思乱想开始发酵的，从甜甜美梦开始酝酿的。

德国化学家凯库勒（1829—1896）在比利时的根特大学任教时，一天夜晚，他在书房打瞌睡，眼前出现了旋转的碳原子。碳原子长链像蛇一样盘绕卷曲，忽见一蛇衔住自己的尾巴，并旋转不停……他像触电般猛然醒来，接着整理苯环结构的假说，整整忙了一夜。凯库勒在总结成功经验时，说："我们应当会做梦！……那么我们就可以发现真理……但不要在清醒与理智地检验之前，就宣布我们的梦。"

凯库勒的成功并非偶然。正所谓，日有所思，夜有所梦，由于他平时总是冥思苦想有关于原子、分子以及结构等问题，所以才会梦其所思；更重要的是，他懂得化合价的真正含义，善于捕捉直观形象，以严肃的科学态度进行分析和探讨。

有异想天开的梦想不可怕，可怕的是，有了梦想而不去付诸行动，不将梦想变成现实。有梦想的纵横驰骋，才有创造、发明的动机，才有智慧跳跃的火花。只要付出努力，把握好时机，成功就不是梦想，而是活生生的现实。梦想与现实，有时仅一步之遥。

　　（原载 2012 年 6 月 7 日《湛江晚报》第 26 版，这是就"感悟"版哲理故事《朋友的诗入梦》写的随笔）

实力令人更有气质

三美女应聘秘书职位，梦娜走性感路线，犯了方向性错误；慧伦的起点较高，博学多才，口若悬河，可惜她欠缺了一个实际的行动；淑敏则深知秘书的职责是认真细致，手脚勤快，多干少说，因而她成功了。老板摒弃传统套路，招已婚女士当销售人员，攻克了美女出场解决不了的问题。两相对比，看似悬殊，但有一点是共通的，董事长、老板看中的都是实际工作能力，他们要的不是"花瓶"。

说到面试，有一点必须谨记：面试考官常常会设计一些陷阱来考验你的应变能力，切莫轻易上当。请看一个真实个案：

小芳在一家国企打拼了5年，因感觉发展空间不大，最近到一家私营饮料公司应聘经理助理。面试者有100多位，而公司只聘1人，竞争相当激烈。面试交谈中，一位考官问她："你所在的单位目前是本市有名的纳税大户，福利待遇很好，你为什么跑来我公司应聘？"另一位考官则插上一句："是不是在单位里干得不够开心啊？……"小芳对考官的"善意"发问，并没有轻易中计。她答道："我在原单位干得很开心，并没有什么烦恼，我来贵公司应聘，主要目的是希望给自己一个提升能力的机会、一个挑战自我的空间！""年轻人，你很有挑战精神啊！"两位考官不约而同发出了赞叹声。小芳跳槽成功了。

最近，我常到车市闲逛。在一家4S店，一位容貌俏丽、身材高挑的美女笑脸相迎："先生，看看这辆吧！外观漂亮，开起来很拉风的。"我说："这辆车是激光焊接的吗？""这……这个……""这辆车的底盘是什么结构？后悬挂是扭力梁、双横臂还是多杆？……"可怜呀，我连珠炮似的发问，把这位美女问得花容失色，只能用"对不起，这个我不是很熟悉……"来搪塞。而在另一家4S店，一位相貌平平、身材矮小的"熟女"则表现得相当出色，对我的提问回答得很专业、很详细。所以说，作为一个汽车销售员，必须熟悉各款车的性能特点，因为顾客是来买车的，而不是来看美女的。要看美女的话，还不如去车展看车模呢！

我们常说某人很有气质，其实，气质是以实力做后盾的。那些正在求职的女孩、正在上班的美女，请注意了：实力作底蕴，气质自然美。

（原载2012年6月5日《湛江晚报》第26版，这是就"感悟"版哲理故事《三美女应聘秘书》写的随笔）

羞辱，是一剂振奋剂

人生在世，不可能天天都面对鲜花和掌声，很多时候，一个人面对的是别人的挖苦、指责，甚至羞辱。面对羞辱，你是暴跳如雷、反唇相讥，还是一笑置之、泰然自若？你是自暴自弃、自甘沉沦，还是自强不息、发愤图强？所以，当羞辱像迷雾一样向你笼罩而来，你要有孙悟空穿云破雾的勇气，"金猴奋起千钧棒，玉宇澄清万里埃"，不要迷失自己的奋斗方向。

中等技术学校毕业后，张松进入一家国企工作，由于他的文章写得好，人称"厂里一支笔"，被厂领导委以重任，负责全厂宣传工作。有一天下班后，一同事和他同行，同事问他："你的文章写得那么好，请问你是哪所大学毕业的？""我是中技毕业的。""啊？"同事的眼睛瞪得像灯泡一样大，"我以为你是中大毕业的，嘿嘿！"一瞬间，张松的自尊心受到极大冲击，感到一种无形的羞辱。他暗暗下决心，一定要拿到一张大学文凭。为此，他先后用四年半时间，参加自学考试，拿到了暨南大学新闻大专和中山大学中文本科文凭，而且不久即升任办公室主任。

羞辱，有时犹如一阵西南风，会令你脸皮发烫，全身发热。此时，你要把尴尬的热量转化为奋发的热情。羞辱，有时就像一阵急风冷雨，会令你全身打冷战，汗毛直竖。此刻，你需要用对方射来的冷箭清醒头脑，找出自己的薄弱环节。大凡羞辱你的人，都会盯住你的短处和不足，乘机嘲笑和取乐，只要反其道而观之，你就释怀了。那些羞辱你的人，从某种意义上说，是促使你更上一层楼的"贵人"。

人生最大的对手，往往就是自己：自己迷惑自己，自己束缚自己，自己沉溺自己。如果把羞辱转化为一种力量，在沉沦中崛起，幸运之神就会降临到你的头上。而且，当你再回望过去时，你会认识到，要是没有从前的羞辱，你就不会有日后的努力和成功。

羞辱，是一剂振奋剂，它激发你的潜能，它激起你的斗志。把羞辱当作一页日历吧，轻轻翻过，便可开始奋力进取的新征程。

（原载 2012 年 5 月 31 日《湛江晚报》第 26 版，这是就"感悟"版哲理故事《在羞辱中奋起》写的随笔）

思路一转，黄金万两

大头针笔直尖头，容易扎人；曲别针针头弯曲，安全好用。亨特的成功，关键在于别出心裁，转变思路，不再在"直"上做文章，而在"曲"上下功夫。一枚小小的曲别针，别住了一段好姻缘，别出了一个享誉170多年的经典发明。

有一家电视台请来一位商业奇才做嘉宾。现场观众都很想听听他的成功之道，他却淡淡一笑："还是我出道题考考你们吧！某处发现了金矿，人们一窝蜂地拥了过去，然而一条河挡住了他们的去路。这时，如果是你，你会怎么办？"

有人说绕道走，也有人说游过去……过了很久，嘉宾才说："为什么非要去淘金呢？不如买船从事运送淘金者的营生。"众人皆愕然！

嘉宾的话真是出人意料。他的思路，诠释了一个道理：当我们在一条路上走不通的时候，不妨转向另一条路，可能我们一下子就可以找到一条走向成功的捷径。

坚持到底的精神固然可贵，但是坚持到底不一定等于胜利，胜利的关键，有时在于转一转方向。因此，当我们的努力迟迟得不到结果的时候，就要学会放弃，要学会转变一下思路。

有一次，我去一个家具展览会参观，一位知名老板说了一句颇有哲理的话：“很多钱都买不到一个好机会，但是一个好机会却能赚到很多钱。”然而，一个好机会，通常不是靠守株待兔等来的，很多时候是靠转变思路抢来的。

常言道：“吃不穷穿不穷，不会转变一世穷。”我们可能无法改变生活中的一些东西，但是我们可以转变自己的思路。有时，只要我们放弃了盲目的执着，选择了理智的转变，就可以化腐朽为神奇。

思路一转，黄金万两！

（原载 2012 年 5 月 29 日《湛江晚报》第 26 版，这是就“感悟”版哲理故事《小小曲别针敲开求婚门》写的随笔）

大胆地往前走

　　说白了,刘邦是以"白食客"的身份赴宴的。在一众富商豪强、达官贵人的面前,是退缩还是前进,考验着地位低微、身无分文的刘邦的胆识。可喜的是,刘邦向前踏出了勇敢的一步。这一步非同小可,可谓举足轻重。空手赴宴,会招来"白食鬼"的骂名,会遭人抛白眼,遭人嘲笑,但刘邦心里清楚,他来赴宴是"醉翁之意不在'吃'",而要向那些从来就看不起底层人物的人"亮剑",并趁机树立自己胸怀大志的形象。果然,吕公慧眼识人,看透了刘邦的心机。刘邦这一"白食"行动,不仅做了座上宾,一鸣惊人,还为后来抱得美人归(娶吕公的女儿)打下基础,真可谓一箭双雕。

　　刘邦空手赴宴的故事,说出了一个道理:一个人的事业处于低潮时,不要悲观失望,不可妄自菲薄,自己看低自己,而要逆势而上,积极进取,此乃成就事业的关键。

　　李昌到一家企业应聘促销部经理,300多位应聘者大多是应届本科毕业,而他是自考本科毕业。人事部部长看了一下他的毕业证,说:"你没有在全日制高等院校进行正规学习,你的能力……"李昌答道:"自考本科是国家承认的学历,我上的是宽进严出的'没有围墙的大学'。我能拿到毕业证书,说明我有毅力、有实力。而且我在原单位一直从事促销工作,有实际工作经验。如果给我机会,我会证明我是最优秀的!"李昌这番话有理有据,打动了人事部部长,最终他被录用了。李昌的成功,关键是没有看低自己,而是底气十足。

人生的险阻,很多时候是无形的,其实就是心头的那道门槛。门槛门槛,过去了是门,过不去则是槛。只要越过了那道门槛,就能"踏平坎坷成大道,一路豪歌向天涯"。有首老歌唱道:"妹妹你大胆地往前走……"改一下:亲,你大胆地往前走,成功与你手拉手!

后退一步,功败垂成;向前一步,马到功成!

(原载 2012 年 5 月 24 日《湛江晚报》第 26 版,这是就"感悟"版哲理故事《刘邦赴宴》写的随笔)

感谢对手的激励

5月19日，刘翔在2012年国际田联钻石联赛上海站，力压美国五大高手首个冲线，以12秒97的佳绩成功卫冕冠军，打破了赛会纪录,创赛季世界最好成绩,时隔5年再次闯进13秒大关。

"感谢对手的激励！……"赛后接受媒体采访时，春风得意的刘翔说出这样的话。这句话可是大实话。有压力就有动力，有动力就能激发潜能，扭转劣势，夺取成功。项羽破釜沉舟，巨鹿之战大败秦军；韩信背水一战，井陉口大破赵军。

有些人常常抱怨对手太强劲，其实这是一种缺乏自信的表现。一个充满自信的人，总是喜欢挑战，对手越强，他（她）就越兴奋，越能使出自己的高招，最终击败对手。

人生之路，不可能一马平川，更多的是荆棘满途，巨浪滔天。只要心底充满战无不胜的豪气，任何对手的挑战，都是对你的激励，让你更上一层楼。有对手，你就拒绝平庸；有对手，你就创造奇迹；有对手，你应该值得高兴！

（原载 2012 年 5 月 21 日《湛江晚报》第 26 版，这是就"感悟"版哲理故事《洄游的奇迹》写的随笔）

用爱心充盈空巢

在一片茂密的山林里，栖息着很多小鸟，它们有的在翩翩起舞，有的在快乐歌唱。然而在这片山林里，却有一对老鸟趴在窝中，它们心中感叹着：孩子们的翅膀硬了，都飞走了，剩下我们两个老的好凄凉、好孤单……

小鸟离巢后的情景，现在被引申为子女离开后家庭空虚、寂寞的状态。换句话说，空巢家庭即是指无子女共处，只剩下老年人独自生活的家庭。

这位年轻人低价买房的成功，是因为打出了感情牌，用爱心打动了老人。老人最怕什么？空巢啊！空巢的滋味，孤独呀，苦涩呀，空虚呀，百般无助呀……"问君能有几多愁，恰似一江春水向东流。"

一个人总有老的时候，为此，在自己年轻的时候，就要好好对待自己的父母，尤其是父母年老体弱多病时，更要悉心照顾。老人其实不需要你给他（她）多少钱财，他（她）需要的是一种精神上的财富——心灵的安慰。

人老话多。老人总喜欢有一个人静静地听其倾吐，在倾吐中慢慢舒缓自己的心胸，就像在水平面上慢慢铺开一张席子一样。如此，晚辈不要嫌老人啰唆，老人的啰唆正是其排解寂寞的最好途径。所以无论工作多忙，子女总要找点时间，陪父母聊聊。能耐住性子倾听父母的唠叨，比你给父母多少钱物更为珍贵。

用爱心充盈空巢吧！让老人也来引吭高歌。

（原载 2012 年 5 月 21 日《湛江晚报》第 26 版，这是就"感悟"版哲理故事《年轻人买房》写的随笔）

精细成就未来

　　老子有云：天下难事，必作于易；天下大事，必作于细。

　　王永庆的成功说明，不要以为创造就非得轰轰烈烈、惊天动地，把一粒米这样细小的工作做好同样也是一种创造。

　　有一位名人说过："硬件项目的管理更多地体现在细节的管理，细节到每个设计、每次改动、每天的操作。"坐过上海地铁的人，也许知道上海地铁二号线的故事。上海地铁一号线是由德国人设计的，看上去并没有什么特别的地方，直到另一位设计师设计的二号线投入运营，才发现一号线中有那么多的细节在设计二号线时被忽略了。结果二号线运营成本远远高于一号线，至今尚未实现收支平衡。

　　上海地处华东，大部分地势高出海平面就那么有限的一点点，一到夏天，雨水经常会为建筑物带来困扰。德国的设计师就注意到了这一细节，所以地铁一号线的每一个室外出口都设计了三级台阶，要进入地铁口，必须踏上三级台阶，然后再往下进入地铁站。就是这三级台阶，在下雨天可以阻挡雨水倒灌，从而减轻地铁的防洪压力。事实上，一号线内的那些防汛设施几乎从来没有动用过；而地铁二号就因为缺了这几级台阶，曾在大雨天被淹，造成巨大的经济损失。

认真做事只是把事情做对，用心做事才能把事情做好。有些人老是抱怨自己怀才不遇，成不了大事业。其实，这是一个心态问题。好高骛远，不如脚踏实地。从小事做起，从细节做起，你就踏着小成功的阶梯步步迈向大成功。

聚沙成塔，集腋成裘，滴水成河，粒米成箩。金钱靠积累，成功也要靠积累。不积跬步，无以至千里；不积小流，无以成江海。

（原载 2012 年 5 月 16 日《湛江晚报》第 27 版，这是就"感悟"版哲理故事《从一粒米走向成功》写的随笔）

挑战陌生，收获成功

菜鸟，通常是我们对职场新人的称呼。其实"老鸟"也有当菜鸟的时候：当我们走进一个陌生的单位，进入一个新的圈子，接受一项新的工作……我们在不知不觉中也就当了一回菜鸟。

当今社会，日新月异，飞速发展，竞争激烈，一个人不可能老待在一个熟悉的地方，也不可能一辈子只干一项工作。更多的时候，我们常常会走进陌生的环境。因为陌生，我们发觉原来滚瓜烂熟的"功夫路"不好使了，一下子变得无所适从，从而产生压抑和恐惧心理。但这只是阵痛，我们必须稳住阵脚，不必心慌意乱。

走进陌生，犹如走进一个世外桃源，里面蕴含着新奇、生机和活力，可以激发我们沉寂倦怠的心。人都有一种惰性，长期待在过于熟悉的环境中，就会安于现状，丧失进取的斗志和前进的动力。

走进陌生的环境，我们付出的辛劳可能会更多，但是在一个陌生的地方，往往是我们收获成功的福地。

走进陌生的环境，我们就应该大胆地和陌生人说话，大胆地做陌生的工作，在陌生的环境中提高自己的素质，在陌生的环境中闪烁创新的火花，在陌生的环境中收获成功的果实，在陌生的环境中为自己的人生增光添彩。

人于社会，就像深海里的游鱼，拥有无限的潜力，关键是找到一个让自己提升潜力的诱饵。这个诱饵，就是"陌生"。

（原载 2012 年 5 月 11 日《湛江晚报》第 26 版，这是就"感悟"版哲理故事《超高难度的乐谱》写的随笔）

当机要立断

    武则天的驯马之道，讲究快、准、狠。在旁人看来，这个女人可能有点心狠手辣的味道。但对待性格狂躁火暴的烈马，你不心狠手辣点，行吗？烈马其实也欺软怕硬，你硬过它，猛过它，它只好乖乖听你的话。正是，人善被人欺，马善被人骑。

    无论办什么事，如果优柔寡断，则贻误时机，一事无成。处事果断，把握时机，击中要害，就能抓住成功的牛鼻子。

    袁绍手下有一众谋士，但"军师多打烂锣"，他凡事都要"磨豆浆"，等等再说，反而给曹操占尽先机，最终拱手让出了北方霸主的地位。孙权多谋善断，虽然手下众多谋士反对联刘抗曹，但他能认清形势，决意孙刘联盟奋力抗曹，从而火烧赤壁，大败曹军，奠定了三足鼎立之势。

    要做到当机立断，就应该"舍得"，优柔寡断者往往因为心存不舍而左右为难，不知该如何是好，从而丧失良机或遭受失败。

    请看古代的刘颇如何当机立断：

    道路上有一辆车载着瓦罐，堵住了狭窄的道路。正值天气寒冷，路上覆盖着冰雪，又险峻又湿滑，载瓦罐的车子进退不能。天色已近傍晚，行路的官员和商客成群结队，车马前堵后拥，想蚁行龟爬都没有办法。有一个叫刘颇的人挥着马鞭赶来，问道："车上瓦罐值多少钱？"回答说："七八千。"于是刘颇打开行囊取出细绢，立即交给那个人，又叫童仆登上车子，弄断捆绑瓦罐的绳子，把瓦罐全推到山崖下。一会儿，车变轻能够前进了，大家纷纷叫好而向前。

如果故事中的人物舍不得那七八千，试问车队如何脱险？

人在生活中随时随地都要作出决定，有的决定很容易作出，比如要吃顿什么快餐，而有的决定就要难些，比如要在哪个地段买房，或者和谁结婚。一个错误的选择，可能会造成无可挽回的损失。然而，机会之窗常常是打开之后很快就会关上，所以你不但要仔细权衡利弊，还要及时一锤定音。

当机立断，就是要猛火煮水，而不是文火炖汤；当机立断，就是要急攻猛打，而不是和风细雨；当机立断，就是要吹糠见米，而不是和面搓泥。

优柔寡断，痛失良机；当机立断，马到功成！

（原载 2012 年 5 月 8 日《湛江晚报》第 26 版，这是就"感悟"版哲理故事《武则天驯马》写的随笔）

甩掉包袱，迈向成功

俗话说，希望越大失望越大。大凡做一件事，如果期望值过高，就会患得患失，负担越来越重……

姚明说过，"努力不一定成功，但是放弃就一定失败"。这话说得很有道理。做任何事情不抱希望不行，但是过早去想着结果，过于看重结果，往往就产生"希望太大"的心理投射，反而会导致失败。很多奥运金牌运动员在赛后接受采访时都说过这样的话："尽自己最大努力，不会去想着夺金，我更加享受过程。"可见注重过程、看轻结果能减轻压力，也能意外获得成功。

有心栽花花不开，无心插柳柳成荫。对一件事情抱有太大希望的话，往往事与愿违，对一件事情抱着可有可无、顺其自然的心理的话，往往效果非凡。

美国雷神公司（Raytheon）工程师珀西·斯宾塞是一位电子学奇才。1945年，斯宾塞正在测试用于雷达装备的微波辐射器（磁控管）时，突然感觉西裤的口袋里有点不对劲，甚至听到了"咝咝"的声音。斯宾塞停下手头的工作，结果发现是他口袋里装着的一块巧克力融化了。他猜想可能是磁控管发射的微波烤化了巧克力。他立刻意识到，也许可以把微波应用到厨房烹饪上……于是微波炉诞生了。

古语有云：欲速则不达。一个善于用表的人不会把发条上得太紧，一个好的司机不会把车开得太快，而一个好的琴师也不会把琴弦绷得太紧，一个善于控制自己感情的人，也总是在为自己找各种各样的理由来放松心情。生活就是这样，张弛有道，才能不被烦忧所累，才能享受人生的欢乐。

成功之前先做好失败的准备，并非放弃对成功的追求，而是让我们放松心情，放下包袱，轻装上阵，如此一来反倒容易获得成功。

踏破铁鞋无觅处，得来全不费功夫；春风得意马蹄疾，一日看尽长安花。成功的喜悦真是爽快！事业的成功，正如有些歌曲，并不需要刻意追求华丽的辞藻，平淡无奇的歌词，往往能万人传唱，一夜爆红。

（原载 2012 年 5 月 4 日《湛江晚报》第 14 版，这是就"感悟"版哲理故事《穿针心理》写的随笔）

以柔克刚，赢得主动

对手强悍进犯，咄咄逼人，气焰嚣张……在强大的对手面前，如果一味硬碰硬的话，无异于以卵击石。此时，你要随机应变，但一切的基础，是不能以刚硬形象出现，而应以"软""柔"的形象出现，向对手示弱。示弱的好处是令对手放松警惕，从而暗中转移对手的注意力，不暴露目标和真相，能够在情势危急或走投无路之时，发现你的转机。暂时的示弱，是为了持久的刚强，为了日后的强大。

说到示弱，韩信可是个鼻祖。如果他忍受不了胯下之辱，日后也就很难当上著名的军事统帅。韩信成名后曾说，我当时并不是怕那个屠夫，而是没有道理杀他，如果杀了他，也就不会有我的今天了。

明武宗朱厚照南巡，提督江彬随行护驾。江彬素有谋反之心，他率领的将士都是西北地区的壮汉，身材魁伟、虎背熊腰、力大如牛。兵部尚书乔宇看出他图谋不轨，便从江南挑选了100多个矮小精悍的武林高手随行。

乔宇和江彬相约，让这批江南拳师与西北壮汉比武。江彬从京都南下，原本骄横跋扈，不可一世，但因手下与江南拳师较量时屡战屡败，气焰顿时消减，样子十分沮丧，蓄谋篡位的企图也打了折扣。乔宇所用的正是以柔克刚的策略。

以柔克刚，面不改色，水不兴波，于不动声色中赢得主动权。以柔克刚，是应对人生风雨的太极拳。

（原载 2012 年 4 月 26 日《湛江晚报》第 26 版，这是就"感悟"版哲理故事《藏有情报的蜡烛》写的随笔）

新闻探索

浅析新媒体审稿把关

新媒体审稿把关是一项"系统工程",它涉及的面比较广,需要综合把握。首先,要敬畏文字,提高政治站位;其次,要注意积累,厚积才能薄发;第三,要加强历练,多练才能"快手"。

如何有效避免政治性差错?审稿把关有诀窍吗?有没有一些实用的"干货"呢?下面,笔者结合自己在融媒发布中心工作期间的审稿把关实践,谈谈一些心得体会,和大家交流交流。

一、盯紧五个方面,避免政治差错

(一)看重要口号或专有名词是否出错

重要口号或专有名词,必须烂熟于心,确保绝对不出错。笔者建议,编辑最好将一些重要口号或专有名词的正确表述(包括一些出错的例子)抄在本子上或录入手机记事本,随身携带、随时翻看。例如:

★实现广东"四个走在全面前列"、当好"两个重要窗口"。("全面"应为"全国")

★全力建设省副中心城市。("省"应为"省域")

★打造现代化海洋经济带重要发展极。("海洋"应为"沿海")

（二）看领导职务、姓名是否出错

对于中央、省、市级重要领导的职务、姓名要认真核对，杜绝差错。截至目前，笔者在新媒体稿件签发前，发现的差错有：省委××（应为"省委书记××"）、市人大常委主任×××（应为"市人大常委会主任×××"）等。

（三）看同音字、形似字是否误用

时下，同音字、形似字误用的问题较多，切不可大意。如：

★强弱想，补短板。（"想"应为"项"）

★作风过硬、整治过硬。（"整"应为"政"）

★坚持性发展理念。（"性"应为"新"）

★打造现代化沿海经济带重要发展级。（"级"应为"极"）

★工地规模宠大。（"宠"应为"庞"）

★体育健儿载誉归来。（"誉"应为"誉"）

★相敬如宾，比冀双飞。（"冀"应为"翼"）

（四）看标题是否缺字

在审稿中，编辑一要看屏幕，判断标题显示是否完整。因为新闻网站出错的情况多，要注意将标题字号缩小，让标题显示完整。二要看粘贴标题时是否漏字。如：《我市召开新冠肺炎防控指挥部会议　实落细抓好疫情防控　用心用情做好服务保障》，"实落细"应为"落实落细"。

（五）看转版对接是否出错

报纸版面上有两条或两条以上的稿件要转版，新媒体平台转载时一定要注意"对号入座"，不要张冠李戴。还有，转接的地方不要漏字、漏句、漏段，或重句、重段，要求上下对接"天衣无缝"。

二、心中有道"红线"，有些稿不抢发

1. 重大项目规划或动工建设，不要抢发稿件，发稿须逐级请示。

2. 影响恶劣的凶杀、斗殴事件，死亡人数较多的车祸、火灾、溺水事件，官方通报尚未出来，均不要抢发图文、视频稿件。

三、改稿注意六点，差错就会减少

（一）避免地理常识错误引起重大政治差错

2019年12月13日，"全国百家报社社长总编看湛江"现场云直播，某位嘉宾在接受视频采访时，说了这样一句话："湛江呀！我知道，在祖国的最南端。"这是一个"大地雷"！"祖国的最南端"在哪？在曾母暗沙。湛江在祖国大陆最南端，"大陆"一词不能漏掉，一漏掉就犯重大政治差错。于是，笔者立即通知编辑将出错部分的视频剪掉，再予以发布。

（二）敏感词不能乱用

2018年3月10日（全国"两会"期间），有一条视频稿，误用"海峡两岸"这个专有特指名词。为此，笔者及时叫编辑将

标题改为"全国人大代表赵建社建议：支持建设琼州海峡防台风锚地"。

（三）语句要符合逻辑

语句要符合逻辑，这点我们往往容易忽视，须知有些句子虽然语法无问题，但逻辑有问题，也必须改正。例如：

★他们自愿向埃塞俄比亚的联合国捐赠外科口罩。

"埃塞俄比亚的联合国"应为"联合国驻埃塞俄比亚相关机构"或"驻埃塞俄比亚的联合国相关机构"。

★一辆载满外地游客的大巴车从徐闻开往湛江。

"湛江"应为"湛江市区"。

（四）数字、时间等表述要规范

1. 数字表述

按照出版物的规范要求，除说农历、年号（如清康熙二十一年）、第几、两三千、三四个、五六个等外，数字表述一律用阿拉伯数字。现在我们的报纸、新媒体来稿都存在数字表述不规范、不统一的问题，一段文字里，一会儿用汉字数字，一会儿用阿拉伯数字。

注意：10000 可用"1 万"表述，但 5000 不能用"5 千"表述，应用"五千"或"5000"（一般标题用"五千"，内文用"5000"）。文学作品如赋、诗词，则可用语文数字。

2. 时间表述

一些来稿的时间表述比较混乱。如：今天下午 14：30、昨天晚上 21：50，规范表述应为：今天下午 2：30、昨天晚上 9：50；今天 14：30、昨天 21：50。

3. 长度、重量单位

现在已经取消"公分",统一用"厘米"。"公斤"为规范写法,但为照顾老百姓的习惯,在一般场景都用"××元每斤",不用"××元每公斤"。因为用"公斤",老百姓不习惯且容易算错。

4. 简称

单位名称,第一次出现须用全称,然后在括号内说明简称。例如,广东省高速公路有限公司徐闻站,直接用其简称"省高徐闻站",就让人摸不着头脑。规范表述应为:广东省高速公路有限公司徐闻站(下称"省高徐闻站")。

(五)不要配错图片

报纸上同一个版面,有两张或两张以上且属于不同稿件的配图,新媒体平台采用时要防止张冠李戴,配错图片。

(六)视频审核不能马虎

视频审核往往容易出错,必须予以高度重视。审核要点有:

1. 看字幕有无错别字、漏字;听主持人的话语或文字配音有无读错字,若读错字,要重新配音。

2. 听采访对象的话语有无不妥,有重大口误应立即剪掉该段视频。

3. 看视频中的背景与新闻主题的气氛是否相符,如不相符,能剪掉则剪掉,剪不了则作技术处理(打上马赛克)。

4. 听视频的现场声音是否有说粗话的内容,有即剪掉。

5. 看视频中有无出现抽烟的镜头(涉嫌违反《中华人民共和国广告法》),有即剪掉。

6. 看视频中的英文专业术语是否打错。2018年湛江海博会期间，笔者在审核记者来稿时发现，视频字幕将"大型矿砂船"（Very Large Ore Carrier）的英文缩写打作"VOOC"，正确应为"VLOC"。

四、六种查错方法，简单实用有效

（一）一目十行

"一目十行"这种方法，有时对发现错别字十分有效。"一目十行"说白了就是"走马观花"，以最快的速度浏览一下大小标题和内文。它便于寻找"万绿丛中一点红"。快速看，有时可以看出一些慢慢看看不出的问题。

（二）边看边读

边看边读，比单纯看要慢一些，但容易发现差错。

（三）看头看尾

看头，可发现新闻报道大标题、导语的差错，看尾则可发现最后一段文字及署名等的错误。

（四）前后对比

内文提到的人名、职务，同一个人的，要对照上下文看是否一致；同一个人的年龄，要对照上下文是否一致；同一件事，要对照上下文说的口径是否一致；同一天日期，要对照上下文是否一致；同一个统计数据，要对照上下文是否一致；等等。

（五）立刻查证

遇到有疑问的表述，要立刻上网查证。如自己确定不了，应立即向值班领导请示。

（六）蓦然回首

不经意间地回眸一看，往往容易发现一些问题。

"回头看"看什么？看稿件完不完整（同时注意看转版对接），段落有无重复，看链接打开是否存在"真空"状态（即稿件有标题没内容）。

五、不要依赖别人，全靠自己认真

审稿过程中，每个编辑都要主动作为，不要依赖别人，而是要依赖自己。不要依赖值班主任、市委办领导。你站在编辑的岗位上，就要尽到"三审三校"或"五审五校"中的"一审一校"职责。很多时候，发布出去的稿件有问题、出差错，往往就是依赖思想在作怪。比如"书记稿"（报道地级市市委主要领导的稿件），不要以为"已审稿"就没问题，"已审稿"也难免会有错漏。所以说，纠错是大家的事，需要大家同心协力，擦亮眼睛，层层把关。

审稿把关，最大的诀窍其实就是"认真"二字。

（原载《中国地市报人》2022 年第 10 期）

采访文化人物经验谈

采访文化人物，能否抓住他们作品的特点，挖掘他们的个性、气质和故事，写出有特色、有亮点的报道来，在于记者是否善于提问。提问的技巧如何，关系到采访的成败和报道的质量。在采访中，记者要注意提一些内行的问题，讲一些行话，引起采访对象共鸣，引领采访对象讲述他（她）的故事，从而拿到令记者满意的"料"，圆满完成采访任务。

2016 年 6—10 月，《湛江晚报》的《文化·人物》版开辟《女文化人风采》专栏，主要报道一批湛江本地女文化人的故事，她们当中有作家、诗人、书法家（篆刻家）、版画家等。笔者不但负责组稿、编辑，还写了 6 篇人物专访。下面，笔者就采访 1 位书法家和 3 位版画家的经历，谈谈一些心得体会。

访"低调"人物：找准时机抛砖引玉

人物专访《女书协是我们温馨的家》（载于 2016 年 6 月 18

日《湛江晚报》),写的是湛江市女书法家协会主席庞春燕的故事。她为人低调,笔者还未开始提问,她就一脸认真地向笔者和摄影记者交了底:"记者同志,不要写我个人,要多写我们协会。"不写个人?笔者此行的任务是写人物专访的,总不能空手而归呀!笔者来个顺水推舟,跟她说:"好的,多写集体,少说个人。"于是她放松了戒备心,高兴地说起湛江市女书法家协会从创办到成立的故事。接着,笔者请她现场泼墨挥毫,露一手给我们看。摄影记者在旁"咔嚓咔嚓"抓拍,笔者则一边看庞春燕写字,一边在快速思考,寻找她作品的特点。当她写好一幅隶书《紫气东来》,笔者赞她写得沉实遒劲、古朴厚重,问她可否见报时,她却说:"这幅感觉不是很好,我找另一幅给你。"说完,她钻到桌子下,打开一个"八宝箱",先是拿出一幅隶书《上善若水》,后又拿出一幅她自认为更好的隶书《寸草春晖》来展示。笔者这下找到话题啦!

"庞老师,看你的作品,有不少是写大字的,很有骨力,里面是否有一段故事?"

"哈哈,还真的给你说中了。"

庞春燕打开了话匣子,说起 1974—1976 年,她在随农村路线教育工作队下基层工作期间,经常要写标语和横额,有时写的单字直径有一个簸箕那么大,不知不觉间竟练就了不小的腕力,而且领悟到字体布局的要领。她还提到,在那两年时间里,她还经常负责刻蜡版印宣传资料,这对练好楷书也打下了一定的基础。于是笔者接过话题,开始顺藤摸瓜:

"刚才您提到刻蜡版,那可是要耗费很大精力的事呀,跟写楷书异曲同工。"

"是的。要很有耐性才行。"

庞春燕在答话的同时捧出一套精美的小楷作品，向我们展示。她说，2015 年初，她不慎扭伤了脚，起初她的心情比较苦闷，但过两天后，她决定利用养伤时间写小楷。在半个月的时间里，脚伤基本痊愈，而她则有了不小的收获：用小楷抄写了一套 3000 多字、23 页的《金刚经》。嘿！又有"料"到。

为了继续"挖料"，我看了庞春燕的简介，简介中提到她"在湛江市文联工作期间，曾接触沈鹏、沈定庵、沈鸿根、秦咢生、麦华三等老一辈书法名家，并得到他们的悉心指点"。于是笔者问她，接触这些名家后，除了在书法艺术上得到指导外，还有什么意外的收获。"主要是他们对书法艺术一丝不苟的态度。"接着她向笔者讲述了一件令她印象特别深刻的事。

你看，采访对象本来是不想谈她个人经历的，但由于笔者抛砖引玉时机得当，采访对象的话匣子就自然而然地打开了。采访行事低调、不好张扬的人物，记者必须做到注意倾听、细心观察，不断制造话题，才能顺利完成采访任务。只要"砖"抛得好，就能引出"玉"来（引出一些精彩的故事或金句妙语）。

体验式采访：对话描写增现场感

笔者专访湛江市 80 后女版画家杨锦珍的报道《用心刻出生活的味道》（载于 2016 年 7 月 2 日《湛江晚报》），是一篇体验式报道。2016 年 6 月 28 日，笔者和摄影记者一起去采访杨锦珍，她是一位实干家，讲理论不多，加上笔者是第一次采访版画创作，于是决定进行体验式采访。一见面，我就开门见山表明来意："杨老师，这次采访我提问不多，主要看你刻版画。"她一听，很高兴："太好了！我最怕提问，因为我没有什么故事好讲的。"然后，笔者请她开始演示刻版画。

"杨老师，这活儿很费眼力的，如果刻错了，可以'亡羊补牢'吗？"趁杨锦珍小憩的片刻，记者问道。

"可以，不过很麻烦的，要锯一小块木板来补上，刻的时候尽量集中精神吧！"

"让我体验一下抓刻刀的感觉，好吗？""好的。"杨锦珍拿来一块练习板，记者双手扶着刻刀，用力往前推。哦，还真有学问：刀口跟木板之间的角度越大，刻痕就越深，但费力；反之则刻痕浅、省力。而杨锦珍是单手操作，手法纯熟，不愧是版画家的好身手。

"杨老师，现在我知道版画的底版是怎样刻出来的了，请问版画是怎样印出来的？"

"底版刻好后，将油墨挤在一块瓷砖上，接着用滚筒蘸上油墨在瓷砖上来回滚动，然后在刻好的底版上不停地滚。"杨锦珍从抽屉里取出一个滚筒，随即示范起来。

"滚的时候有什么技巧？"

"滚油墨要又薄又匀，印出来的版画才线条清晰，黑白分明。"

"哦。那印的时候也很讲究技巧吧？"

"对。印的时候要将画纸平铺在滚上油墨的底版上，然后拿一个鹅卵石，不停地在纸背上磨，直到油墨充分印在纸面。如果油墨不足，还需补充。最后，轻轻地将画纸揭开，一幅版画就大功告成了。"

"套色木刻是否比黑白木刻更复杂?"

"是的。像这幅套色木刻《大海——我们的归宿》,要刻 3 个底版,然后印 3 次,而且每次印的时候要边角对齐,才能套色准确,不走位。"

上述是笔者和采访对象的对话,问得自然巧妙,水到渠成;答得清晰明了,丝丝入扣。体验式采访的关键,就是记者要将自己沉浸在采访现场,与采访对象产生良好互动,并适时提问,像一个向导一样,引领采访对象向着自己的采访意图靠拢,从而实现采访目的。上述对话描写,不用描写刻、印版画的全过程,而是将版画创作的一些关键节点用对话的形式展示出来。这样的好处是避免冗长累赘,行文活泼灵动,且令人有身临其境的现场感。

说作品特色:不断追问,亮点纷呈

《童真看世界 民俗塑画魂》(载于 2016 年 7 月 16 日《湛江晚报》)、《楔入生活爆灵感 刻画作品蕴激情》(载于 2016 年 9 月 17 日《湛江晚报》)是笔者分别采访女版画家丁华波、黎静波的人物专访。采访这两位版画家,我提问的方法是,从谈作品特色入手,轻松引出话题,再逐渐深入采访。丁华波的作品充满童趣,善用民俗元素,于是笔者和她展开对话:

"丁老师,看了你的作品,我觉得有两个特色:一是线条较粗,有点'浓眉大眼'的感觉,二是充满童趣。"

"詹记者,你说得在行。我的版画追求线条拙朴、野性,突出平面装饰,融入民俗元素。画面整体确实充满喜感和童趣。"

由于笔者看出了采访对象作品的主要特色,一下子找到了"共同语言",为采访开了个好头。我乘势而上,继续发问:

"《会飞的鱼》,主体部分是一条大鱼。这是一条象征性的鱼,鱼身上有菠萝、剑麻、轮船、龙门吊、海鸥,还有虾、蟹、小鱼。大鱼周边还有不少小鱼、小鸟。这幅画的象征意义是什么?"

"象征湛江的腾飞。"

"红土精灵(石狗)系列是应用民俗元素的代表作吧?"

"是的。为了创作该系列,我专门到雷州、遂溪等地采风。细细观察每一只石狗的形状和神态,并听当地村民讲述有关石狗的传说故事。通过采风,我对表现石狗的神韵有了更深的心得体会。"

上述对话,笔者以谈论丁华波的代表作的象征意义和艺术特色为引子,引出她说出自己的创作取向——"我喜欢用童真的眼光看世界,作品力求表现简单和质朴。"

"丁老师,您给我看的 10 幅版画中,6 幅都画有鱼,这是否跟您的生活环境有关?"

"是的。我是在渔业公司长大的,父亲一辈子跟捕鱼打交道,他每次回家都跟我讲有关鱼的故事。他的书柜里藏着很多中外各种鱼的图片资料,鱼的美丽吸引了我,所以我从小就很喜欢鱼。鱼代表活泼、喜庆、富贵、吉祥。因而,我在创作版画时,会自然而然地用上鱼的元素——鱼'跃'上了版画。"

上述提问,引出了丁华波"自幼喜鱼,版画刻鱼"的故事。末了,笔者还不忘来个画龙点睛,写道:"生活的大海里,人们像鱼一样追求快乐；艺术的海洋中，画家像鱼一样探寻奥秘。"用比喻的手法，生动形象地表现了版画家对艺术孜孜以求的精神。

2016年9月13日，接到采访版画家黎静波的任务，笔者感到压力不小，因为此前已采访了两位女版画家，这次要写出点新意来，可不是一件容易的事。这是一场新的考验。

2016年8月，湛江市博物馆为黎静波和丁华波、陈晓林、庄燕梅、杨锦珍举办了"五彩纷呈——湛江女版画家5人作品联展"。笔者于当年9月13日见到黎静波时，她的手上正拿着一本有关那次展览的宣传画册。

"据我的观察，画册上登载的《赶潮》《沸腾的渔港》《南海潮》这3幅作品，都有一个很大的特点——一眼看去有点眼花缭乱的感觉，但细细一看，却是乱中取胜。看似纷乱的线条，增强了画面的动感，丰富了画面的内涵。比如《沸腾的渔港》（套色木刻），画面上白云飘荡，樯桅林立，彩旗招展，一串串鱼干晾晒于船上，一张张渔网张挂于船头，海面就像一面大镜子，忠实地倒映着上面的一切……一个热闹繁荣的渔港呼之欲出。"

"呵呵！詹记者，你采访的版画家多了，看出门道来了。我喜欢用错综复杂、纵横交错的线条来表现画面，展现不同的题材。"

上述对话，一问一答，道出了黎静波版画作品的特色是"乱中取胜"，以纷乱的线条，增强画面的动感，丰富画面的内涵。

"画为心声，画如其人。从作品来看，您的性格应是活泼开朗、热情乐观的那种。"

"何以见得？"

"'黎静波，一位热情洋溢的女性，从她的作品中我们可以感受到一种热情奔放、富有动感的情怀。那具有激情的线条组合，如节奏韵律的交响，形成一种特有的形式美。'这是冯兆平老师给出的评价，我认为十分中肯。"

由画及人，说出版画家的性格，并非凭空捏造。这是笔者提前做了功课，从版画家的简介了解到相关信息，再结合版画家的作品特色综合分析得出来的。

再来看看笔者和版画家的对话：

"杜甫说，读书破万卷，下笔如有神。而版画的'神'（神韵）您是怎么表现的？"

"为了表现作品的神韵，我主要采取抽象的笔法和刀法。比如刻画渔船，我只刻画桅杆和船的大致轮廓。抽象的好处是，把整幅作品的气场张扬起来，把神韵勾勒出来。"

笔者的提问，问出了版画家表现作品神韵的秘诀——抽象。

纵观上述4个采访文化人物的事例，都有一个共同特点，就是均有相当分量的记者与采访对象的对话描写（也叫对白描写）。而要将对话描写写好，首先记者要问得好。记者问得好，问得在行，就会拉近与采访对象的距离，让采访对象高看你一眼，采访对象会觉得，"原来记者对我们这一行挺了解的，对我的作品特点也相当明白"，自然产生"同频共振"，打开话匣子和你聊，聊出很多有用的信息。

采访文化人物，乃一门综合艺术，它融合了交际学、心理学、文学、美术、音乐、摄影等方面的知识。记者能否善于提问，激发采访对象讲出故事和细节来，逐一发现亮点，考验着一个记者的基本功。正是：问得好，有"料"到；问得巧，报道妙。

（原载《中国地市报人》2022年第9期）

让新闻插上诗歌的翅膀

　　诗歌是一种形象生动、充满活力的文学体裁，它有凝练清新的语言、天马行空的想象、喷薄而出的情感。而新闻作品往往是"吹糠见米"的直白，平铺直叙的枯燥，缺乏打动人的情感。

　　当最感性的诗歌遇上最理性的新闻，它们之间能否碰撞出创意的火花？能否用诗歌的形式来驾驭新闻？答案是肯定的。我在近几年的新闻编辑工作中，多次将诗歌与新闻结合，让新闻粘上诗味，收到了很好的效果。

一、诗歌，给体育新闻增添浪漫的色彩

　　大家先来看看《激情如闪电，浪漫如暴雨》这首诗：

　　　　闪电，飞光

　　　　雷声，轰鸣

　　　　暴雨，倾盆

乌法之战被迫延时

雨点，串起洁白的珠帘

一对情侣高举法国国旗

忘情地湿吻

任你狂风大作

任你水漫绿茵

他的眼中只有她

她的眼中，也只有他

他们的激情

有如闪电摄人心魄

他们的浪漫

有如暴雨漫人心堤

他们的心中

多么希望比赛延时啊

那样可以延续燃烧的激情

情到浓时

一对球迷的嘴唇

瞬间植入了磁铁

美女使出一个反手

绕住男友的脖子

来一个"后仰式"热吻

......

场内，是脚尖上的欧洲杯

场外，是舌尖上的欧洲杯

球迷，不用再分真伪啦

欧洲杯的诱惑

谁也抵挡不了

足球旋风正刮来

闪电般爆发的激情

暴雨般倾泻的浪漫

一部《舌尖上的中国》

红遍大江南北

正在激战的欧洲杯

滚烫热辣

火遍全球

　　2012 年 6 月，欧洲杯正在如火如荼地进行，赛场上激战正酣，赛场外一对对情侣忘情热吻，真是羡煞旁人！北京时间 6 月 16 日凌晨，欧洲杯第 8 个比赛日 D 组次轮，东道主乌克兰队迎战劲敌法国队。开赛不足 5 分钟，突然电闪雷鸣，暴雨倾盆，比赛被迫中断 56 分钟才重新开始。比赛虽暂停，足球场边却出现了最浪漫的一幕：一对法国情侣在雨中忘情地湿吻……我的脑海顿时灵光闪现——这真是"激情如闪电，浪漫如暴雨"啊！为何不搞一期花絮特刊——《舌尖上的欧洲杯》呢？说干就干，我首先组织了若干幅球迷热吻的照片，接着构思统领整版的文字。我摒弃了传统的新闻综述式的写法，采取了另一种文学体裁——诗歌。我的理由是：一、写诗歌别出心裁，令人耳目一新；二、写诗歌能充分表达作者的思想感情；三、写诗歌文采飞扬，不再干巴乏味。

你看，"他们的激情／有如闪电摄人心魄／他们的浪漫／有如暴雨漫人心堤""一对球迷的嘴唇／瞬间植入了磁铁""场内，是脚尖上的欧洲杯／场外，是舌尖上的欧洲杯""欧洲杯的诱惑／谁也抵挡不了／足球旋风正刮来／闪电般爆发的激情／暴雨般倾泻的浪漫"。一句句生动形象的诗句，把场外情侣球迷的激情和浪漫表现得淋漓尽致，诗歌中的丰富想象力和强大感染力，是一般的消息和综述所不能比拟的。诗歌写的是球迷情侣的浪漫，而恰恰也为体育新闻增添了浪漫。这就是诗歌和体育新闻相结合所产生的无穷魅力。

"原来体育版也可以'粘'上文学味！够浪漫，赞一个！"有一位读者在看了这个别开生面的体育版（见 2012 年 6 月 21日《湛江晚报》第 30 版）后，在微博中这样写道。

二、诗歌，在抗震救灾中凸显激情与力量

2008 年 5 月 12 日，汶川发生特大地震，房屋倒塌，众多鲜活的生命瞬间被掩埋……举国上下沉浸在大悲大痛之中，人民子弟兵驰援救灾，各地群众纷纷捐款捐物支援灾区……负责编辑《湛江晚报》文学版的我迅速作出响应，于 5 月 15 日出了一个《地

震震撼我的心》文学专版。我在"编者的话"中写道:"汶川大地震骤发之际,我虽然身处祖国大陆的最南端,但我的心还是被强烈震撼了!文学,不单写风花雪月、歌舞升平,更应紧跟形势,写地震灾害触目惊心,写万众一心抗震救灾,写一方有难、八方支援……"随后,我又于5月19日、5月20日、5月21日、5月25日出了4个《沉痛悼念汶川大地震遇难同胞》文学专版,这些文学专版中有的是诗歌专版,有的是诗歌、散文、随笔综合版,诗歌在当中占了很大的分量。一句句诗行直抒胸臆,描绘了灾难带来的惨烈和痛苦,展现了灾区群众的坚强与希望,传递了人与人之间的关爱与真情,高扬了抗震救灾的伟大精神,引起了广大读者的共鸣。

其中,5月21日的版面颇有特色。这是一个以新闻图片为主的专版,但统领该版的却是我写的一首诗歌——《路》:

天崩地裂　房屋轰塌
鲜活的生命瞬间被掩埋
桥断　路陷　山体滑坡
生命第一
十万火急!

陆路断绝　天路难绝
看,空降兵来了!
从几千米的高空
带着朵朵伞花飘然而至

灾民，有了生命的保护伞

即使没有天路
双腿也能踏出一条路
强——行——军！

废墟下，没有进路
也没有退路
但只要心里有路——
坚强的意志
求生的欲望
生命，最终能见到阳光

心路坚如铁
任何的天灾也摧不毁
心路坚如钢
挺起中华民族的脊梁
战胜天灾　重建家园
天无绝人之路！

　　这是一首紧跟形势、感情充沛的诗歌，诗歌里的"路"有陆路、天路、心路，而重点落在"心路"上。只要心路坚如钢铁，任何天灾也压不垮中华民族的脊梁。挺起胸膛，战胜天灾，重建家园，天无绝人之路！在这里，诗歌和重大突发新闻——汶川大地震相呼应，紧扣抗震救灾进展的脉搏，迸发出饱满的激情和强大的力量。

"诗言志，歌咏言。诗歌能激发情感、鼓舞斗志。用诗歌来抚慰灾难中受伤的心灵，支持奋战在抗震救灾前线的勇士，唤起更多的爱和更持续的关注。期待灾区人民，从精神的废墟上坚强奋起！诗歌，为抗震救灾壮行！"这是我写这首诗的初衷。值得欣慰的是，这首诗见报后在社会上引起良好反响，一些中小学和有关企业还把它作为"抗震救灾诗歌朗诵会"的篇目。

三、诗歌，拓展文化新闻的深刻内涵

2012年7月8日上午，由广东人文艺术研究会策划、主办的南粤先贤画像暨题咏作品雷州巡回展在广东湛江的雷州市博物馆隆重开幕，并持续展出一个星期。"南粤先贤"是指广东评选出来的56位对南粤文化和经济社会发展有重大贡献的人物。主办方邀请138位艺术家参与画像、诗词和书法创作，为南粤先贤绘像、题咏，活动具有很高的文化含量。对于这次艺术盛会，如果单单报道一条消息，那么巡回展的意义就不能充分表现出来。于是，我决定出一个专版，对此进行全方位的报道。专版里有展览侧记、新闻背景、名家说展、相关链接等文章和栏目，有画像、书法作品照片。而我在"观者有感"栏目中写的诗歌《一幕幕历史在这里重演》，则让整个版面"活"起来，请看：

一幅幅画像

在我的眼眸

慢慢扩展……

单幅画像变成了连环画

不，变成电影画面啦

哦，这是一幕幕历史在重演

脑海里，仿佛在放着纪录片

听，战马嘶叫，金鼓齐鸣

南越武王赵佗横剑勒马

豪气冲天，所向披靡

逐鹿中原敌胆寒

发展生产民安康

看，高头大马的旁边

冼夫人轻叉柳腰

梨窝浅浅一笑

扇起了一阵春风

战袍飘逸，飒爽英姿

要是当年有部相机的话

这就是一幅绝美的战地写真！

一篓红中透黑的荔枝

令东坡先生口水直流

"日啖荔枝三百颗，不辞长作岭南人"

斜坐竹椅，轻摇蒲扇
那份闲适，那份得意
真是羡煞旁人
……

一首首诗词
穿越往昔时光
带回了石狗般的厚重
不再是风花雪月凭栏空叹
而是钻进一个个先贤的心里

一幅幅书法
或龙飞凤舞
或端庄隽永
已不是单纯的舞文弄墨
力透纸背的风骨
浸染了人物的神韵

诗、书、画
不再是各自为政
不再是孤芳自赏
而是朝着一个共同的主题
为南粤先贤塑像
为南粤先贤添彩

我在观看南粤先贤画像时，脑海里浮想联翩，把单幅画像看成连环画、电影画面、纪录片……"哦，这是一幕幕历史在重演。"我发出了这样的感叹！

上述诗歌中，将3位南粤先贤的画像描写得栩栩如生、神采飞扬，尤其是逼真传神地展现了冼夫人这位巾帼英雄的英姿："梨窝浅浅一笑／扇起了一阵春风／战袍飘逸，飒爽英姿。"而且发挥极致的想象："要是当年有部相机的话／这就是一幅绝美的战地写真！"是啊，像冼夫人这样文武双全的靓女，没有一台高像素的数码相机为其拍写真，的确是一个千古遗憾！

在我的眼中，画像是活的，诗歌是动的，书法是跃的。这首诗以其动感十足的描绘，仿佛把读者带回了一个个历史时期，使读者有了一次思想上的洗礼、心灵上的净化，"重温历史，传承文化"，从而拓展了文化新闻的深刻内涵。

"文章合为时而著，歌诗合为事而作。"诗歌只有与时俱进，才能激发其蓬勃的生命力。诗歌一旦和新闻完美结合，就产生了"新闻诗"。新闻得益于诗歌飞扬的文采，诗歌得益于新闻新鲜的时效，二者相得益彰。让新闻插上诗歌的翅膀，是报纸改变文风、增强可读性的有效途径。

（原载《中国地市报人》2013年第7期）

谈谈通讯"散文化"的写作体会

新闻界有句行话:"新闻是易碎品。"这就是说,新闻作品的时效性十分强,过了时效,其价值就大大下降了,成了"过眼云烟"。其实,好的新闻作品,不仅不易碎,而且经久不失其魅力。而新闻作品要做到永葆青春、魅力永恒,就必须创新写作手法。下面我就自己写的一篇通讯《精细成就精品》,谈谈通讯"散文化"的写作体会。

2005年1月1日,曾于20世纪80年代发展横向经济联合,创下"醒宝"牌香烟,风靡上海,拥有辉煌历史的湛江卷烟厂,迎来广东卷烟工业历史上最大规模的一次改革。该厂与广州卷烟二厂、韶关卷烟厂及梅州卷烟厂联合重组,成立广东卷烟总厂。2006年,湛江卷烟厂实现工业总产值9.967亿元,税收总额4.8亿元,创历史同期最好水平;2006年仅一年时间便新增税收近1亿元,湛江卷烟厂的发展再次令人瞩目。2007年1月底,报社领导交代我写一篇反映该厂典型经验的文章,我及时写了一篇2900多字的通讯——《精细成就精品》。

一、散文化开头，双关式含意

请看这篇通讯的开头：

> 海风徐徐，椰树轻摇。滨海的地方，椰树总是长得
> 挺拔秀美，挂果又多又大。因有摇曳多姿的椰树点缀，
> 港城湛江更加风采迷人。
> 湛江卷烟厂就坐落在这座花园式海滨城市里。

上述文字表面上是写港城湛江的美丽风光，实际上还有另外两层含意：一、"海风徐徐，椰树轻摇"写出了一个柔和优美的意境，正好埋下一个伏笔：湛江卷烟厂进行合并重组的改革力度前所未有，但它不是疾风骤雨式的，而是和风细雨、循序渐进的，是以人为本的。二、"滨海的地方，椰树总是长得挺拔秀美，挂果又多又大。"表面上写椰树的秀美，实则暗指湛江卷烟厂合并重组后生产的第一个署名品牌——"精品椰树"取得圆满成功。

通讯的开头不足80字，但写得文笔优美、内涵丰富，这是充分借鉴了散文"借景抒情"的手法。

二、注重人物语言描写，散文化布局谋篇

这篇通讯的最大特点是没有平铺直叙，而是把大量的篇幅放在直接引用人物语言（含对白）上。这种写法借鉴了散文描写人物语言的白描手法，读来现场感强。请看：

　　"符厂长，听说您治厂很严，职工私下里都叫您'严厂长'呢？"记者直入主题。

　　"这说明企业推行精细化管理已经深入人心。"湛江卷烟厂新任厂长符敏和颜悦色地答道。

　　这里，不用花费过多的笔墨，一问一答就把一个从严治厂、雷厉风行的新任厂长的形象勾勒出来。

　　又如：

　　精细化管理，符敏厂长使出了第一招——

　　"细节从洗手间做起！必须彻底改造厂内所有陈旧的洗手间！"

　　"这样搞是不是有点风马牛不相及？""把那么多钱砸在洗手间里，是不是有点奢侈浪费？"……不少职工纷纷质疑。

　　"符厂长，我代表厂党委支持您！"关键时刻，厂党委书记陈国明声援。陈书记近几年来大抓厂区环境绿化、美化工作，烟厂被市里评为"花园式单位"。

　　"一个好环境，一份好心情。好的环境可以培养人的良好习惯。"符厂长、陈书记可谓英雄所见略同。说干就干，厂部按高标准改造了厂内 10 个简陋的洗手间，并按"无污迹、无积水、无异味"的要求严加管理。

　　"厂部连洗手间都管理得那么好，我们对产品质量、工作质量更不应马马虎虎。"职工在切身感受舒适称心的卫生环境的同时，逐渐养成细心、耐心的工作习惯。

"哇！精细化管理真是名不虚传！看了洗手间就知道烟厂的管理水平了。"凡到过该厂参观的人都这样评价。

湛江卷烟厂推行精细化管理，不是直接从生产车间开始，而是从改造洗手间开始，取的就是潜移默化之意，即"一个好环境，一份好心情。好的环境可以培养人的良好习惯"。职工们从质疑到理解，到逐渐养成细心、耐心的工作习惯。该厂的这一招真是妙极了。厂长的决心、职工的质疑、书记的声援、职工的感慨、参观者的赞叹……无不引用他们的话语，让人物自己说，比采用第三人称的叙述更有感染力。

再如：

"我是来湛烟工作的，而不是来享受的，更不是来索取的！如果哪位职工有什么困难、呼声，请到办公室来找我倾诉、反映，而不要提什么东西到家里来找我。大家都叫我'符厂'，'符厂'的所作所为，也要符合厂里的一切规章制度。我的承诺，请厂纪委、监察部门予以监督；我的要求，请广大职工予以配合！"符敏厂长的第一瓢水，清凉入脑，沁人心脾，令全厂职工精神为之一振！

2006年2月，符敏（广东中烟工业有限责任公司原安保处处长）走马上任湛江卷烟厂厂长。新官上任，他并不是"烧了三把火"，而是"泼出三瓢水"。在全厂职工大会上，他向职工们作出了上述廉洁奉公的承诺。上述引语描写，在这篇通讯里最为出彩。其亮点是：符敏厂长，职工都叫他"符厂"，而符敏厂长从自己的职务"符厂"联想到自己的所作所为要符合厂里的一切规章制度。"符厂"，从姓氏、职务引申开去，意蕴双关。

直接引用人物原话，放在每个自然段的开头，看似结构松散，却是"形散神不散"，且使整篇通讯有活泼感和跳跃感。

三、捕捉细节，散文化细腻描写

生动传神的细节描写是散文富有感染力的一个重要特点。一个细节的刻画，往往凝聚着丰富的情感，能在最短的时间内最大限度地调动读者的情感，使读者对文章产生强烈的情感共鸣，给读者留下深刻的印象。而对于新闻领域的通讯来说，细节描写是增强可读性、增强作品生命力的重要途径。通讯借鉴散文细腻、形象的笔法描写细节，可达到异曲同工之妙。请看：

> "合并重组，我们厂刚刚走上快车道，但是厂部这时却叫我们'中途下车'，真是太不近人情了。"……一时间，湛江卷烟厂弥漫着山雨欲来风满楼的气氛。

湛江卷烟厂推行人力资源改革，236人（约占在职职工人数的25%）需要离岗退养。该厂历史上最大规模的一次改革开始了，一石激起千层浪。这个细节用"中途下车"来形象地描写了改革之初多数职工不理解、改革遇到重重阻力的局面。

　　"我不能当改革的绊脚石！"原安保科朱科长，是有 26 年厂龄的"五朝元老"、有 21 年党龄的共产党员。虽然他的妻子下岗多年、儿子大学毕业后没有正式工作，但他没有倚老卖老，而是带头支持改革。
　　"人可以离岗退养，但技术不能离岗退养！"厂机械维修技术的"老行尊"——原设备科洪技师，在离岗退养前将自己的技术和经验毫无保留地传授给年轻的维修人员。

　　朱科长没有倚老卖老，洪技师没有私藏技术经验，他们在这次人力资源改革中做出了榜样，带动了其他职工支持改革。这两个细节抓住人物的主要特点来描写，使人物形象真实可信、丰满动人。
　　再如：

　　讲一百句安慰话，不如解决后顾之忧。该厂及时制定了《离岗退养人员管理办法》，对离岗退养人员的安置费发放、福利待遇标准等均作了明确规定，从而使有关职工吃了一颗定心丸。去年 9 月，该厂 236 人全部办理了离岗退养手续，而且大部分坚守岗位直到离岗退养的前一天，做到了"在岗一分钟，干好六十秒"。人力资源整合后，该厂由三班转为两班运转，工作效率更高了。

　　这个细节描写表现了湛江卷烟厂在改革中坚持"以人为本，和谐发展"的宗旨，确保了改革的最终成功。这正好呼应了通讯开头——"海风徐徐，椰树轻摇"所描写的柔和意境。

　　上述细节描写，充分借鉴了散文描写人物和事件细致入微、纤毫毕现的特点，以"细"感人，以情动人，这比一般的描写更有打动人的功力。光阴荏苒，岁月如梭。时间，像泡沫丰富的洗衣粉，能洗掉昔日的印记；时间，像性能卓越的刻录机，能刻录精彩的一瞬。让读者记住你写的一整篇文章是不现实的，但一个精彩的细节描写，往往令人印象深刻，即使历时多年，人们还会津津乐道。

　　《精细成就精品》这篇通讯于2007年2月7日在《湛江日报》刊登后，在社会上引起良好反响：该文第一时间被北部湾东盟经济网、广东发展论坛（广东省政府门户网站与南方网论坛合办）等转载；不少湛江市内、市外单位纷纷到湛江卷烟厂参观取经；湛江卷烟厂被国家烟草专卖局确定为全国烟草行业创建优秀卷烟工厂试点单位；符敏厂长于2007年当选"2006湛江十大经济风云人物"，并荣获湛江市"五一劳动奖章"。

　　这篇通讯自发表至今已有多年，但它还在释放它的"散文化"魅力。

　　（原载《中国地市报人》2013年第6期，获第12届（2013年度）中国地市报论文（论著）奖之论文评选三等奖）

谈独家新闻的采写

在当今媒体激烈竞争的洪流中，独家新闻是赢取受众芳心的橄榄枝，是战胜对手的杀手锏，是媒体公信力的晴雨表。因此，独家新闻是每一家媒体、每一位记者孜孜以求的。但是，要写出独家新闻并非易事，必须具备高度的新闻敏感，并掌握一定的技巧，方能左右逢源、游刃有余。

下面，笔者结合自己的工作实践，谈谈采写独家新闻的一些心得体会。

一、写自己最熟悉的事，独到自成独家

自己最熟悉的事莫过于家乡或"老地方"之事以及亲身经历之事，这是产生独家新闻的丰富源泉。把握得好，独家新闻就会源源不断地出品。

1.写家乡或"老地方"之事，驾轻就熟

一开始就到自己最熟悉、最能激发自己兴致、发挥自己优势

的地方去采访，即使是新手也可一炮打响，给人留下好印象。那么，哪些地方是自己最熟悉、最能发挥潜能的呢？家乡或者长期居住过的地方，当然是首选。那里人熟、地不陌生，且有许多与自己密不可分的联系。对于这些"熟透"的资源，你可以充分利用。每个记者只要把家乡中自己既熟悉又有感情、能经常去的地方当成采访报道的好去处，不放过每个好机会，新闻线索就会源源不断，报道面就会越来越宽，会出更多的精品佳作，甚至独家新闻。

　　笔者的老家在广东省湛江市坡头区官渡镇，是远近闻名的蚝乡。笔者自幼在海边长大，对家乡的蚝是最熟悉不过的了。但对于大多数读者来说，虽然觉得蚝味道鲜美，但是，怎样才能买到真正的官渡蚝、怎样才能将蚝肉彻底洗净、蚝有多少种类、蚝有什么功效，等等，他们都知之甚少；作为本地的知名海鲜品牌，如何做大做强，经营者也时常苦恼。为此，笔者在 2002 年 3 月 1 日的《湛江晚报》发表了题为"招牌官渡鲜蚝肉　开春日销万公斤"的专题报道（整版）。该报道分为三大板块，分别是：A. 新闻板块：①《蚝市火爆交通阻塞》；②《蚝乡石门多出靓蚝》；③《规模养蚝富蚝乡》。B. 资料板块：《蚝乡之买蚝食蚝秘籍》。C. 评论板块：《官渡蚝能否增值？》。此专题报道由于报道面广、资料详尽，见报后，广大读者以及有关部门反应良好，纷纷赞扬说可读性、操作性强，不但使市民了解到买蚝、食蚝的门道，而且宣传了湛江本地特产，对促进经济和旅游业发展，有十分重要的作用。

　　2. 写亲身经历之事，得心应手

　　由于是自己亲身经历，对有关细节了如指掌，而其中有价值的新闻材料，更是别人克隆不了的，据此写独家新闻，当然是左右逢源，水到渠成，独步"闻"坛。

长江三峡库区移民的安置问题曾是全国各地媒体聚焦的热点。1996年，外迁至湛江的有9人（他们都是中国长江三峡工程学校的中专毕业生，其中1人到湛江市后不久又返回原地）。然而，这条消息只有湛江市人事部门及相关企事业单位知道，湛江市各大媒体从未发过相关消息。笔者于2002年4月17日在《湛江晚报》的焦点新闻版发表了《三峡移民在湛江》（内含生活味浓郁的新闻链接——《三峡移民在湛江花絮》）的独家报道后，读者纷纷打电话到编辑部，说："要不是你们报纸登出来，我们还真不知道湛江也有三峡移民呢，贵报这条新闻做得好！""这几位三峡移民在湛江6年来的日常生活和喜怒哀乐，我们一目了然，他们都得到了妥善安置，找到了理想的工作，我们也替他们感到高兴。"

一些好奇的读者还纷纷向记者打听，问记者为何对三峡移民在湛江的情况了解得如此透彻？热心的读者不知道，原来，记者（笔者）的妻子就是来湛江的三峡移民中的一位。你说，记者以他的亲身经历为素材写出来的新闻是不是独家的？答案不言而喻。

二、积累素材，水到渠成终出独家

有的独家新闻的产生，是记者坚持不懈、努力探究的结果。除了突发事件外，有的记者对认为有可能发生重大新闻的领域进行长期、耐心地跟踪和调研，凭借平时的积累，在一些地方发现蛛丝马迹，再深入探究，最终发出独家新闻。

2001年12月，部分湛江籍第九届全运会冠军（湛江籍金牌得主共8位）回乡聚会，引出了"希望湛江出个奥运冠军"的话题；2002年6月底，在世界杯跳水总决赛上，第九届全国运动会冠军、湛江小妹劳丽诗夺得女子10米跳台单人、双人冠军及团体冠军；在2002年10月12日的釜山亚运会10米跳台上，劳丽诗力压队友李娜夺取金牌；至2002年10月底，湛江已有7个世界冠军了：张小冬（帆板），陈丽霞、李蓉娟、劳丽诗（跳水），黄华东（体操），符晓云、林小妹（蹼泳）。其时，湛江的家乡父老都迫切希望：湛江能出个奥运冠军该多好啊！顺应情势，笔者发表了独家专题报道——《湛江，能拼出个奥运冠军吗？》（载于2002年10月13日《湛江晚报》）。见报当天，读者纷纷来电来信赞扬该报道发得正是时候，把湛江人的心里话都说出来了！正所谓功夫不负有心人，这条独家新闻从酝酿到发表历时10个多月，可见它是记者锲而不舍的产物。

三、同源新闻，细节、客观"打"出独家

多家媒体的多名记者面对同一新闻资源（比如会议、事件、人物等）进行采访所产生的新闻称之为"同源新闻"。由于同源新闻的来源相同，所以极易出现千人一面的现象。因此，有些记者认为这种新闻含金量低，不乐于接受采访任务；即使接受了任务也不肯下功夫采写。实践反复告诉我们：同源新闻也能写得出彩，能产生精品甚至传世佳作。其关键是记者要有高度的新闻敏

感和见微知著的洞察力，要有从新闻资源的"相同"中寻找"不同"、从"一般"中发现"特殊"的真本领，写他人未写的角度，发他人未发的声音。

1.挖掘细节，人无我有，胜人一筹

细节，在独家新闻中有着举足轻重的地位，谁抓住了细节，谁就有了独家的本钱，就有了取胜的砝码。因而，在采访过程中，我们要力求细致入微，尽可能一网打尽，不要轻易让那些鲜活的"小鱼"溜走。

2003年1月15日上午9时多，湛江的一个县级市——吴川市的梅菉镇发生一起"四兄弟"歹徒持枪抢劫吴川市烟草专卖局（公司）26万多元工资款的案件。案发后，广东省内多家媒体都在第一时间派记者到梅菉镇采访，新闻争夺战甚为激烈。"熟门熟路"的笔者（入报社工作前在湛江烟草系统工作多年）单刀直入，与同事吴建韬直接采访当事人之一、开提款车的司机麦茂钦，掌握了较为详尽的细节材料，这对于我们写独家报道——《血肉与子弹碰出冲天激情——警民在吴川"1·15"持枪特大抢劫案中与悍匪殊死搏斗特写》（载于2003年1月16日《湛江晚报》，获湛江新闻奖一等奖）大有帮助。1月16日，广东省内不少媒体都刊登或播发了吴川警民斗劫匪的消息，但令人遗憾的是，他们刊登或播发的均是通稿，读者"不解渴"，而我们《湛江晚报》不但有通稿，而且还有特写，当天的《湛江晚报》一上街就被抢购一空。

1月17日，广东省内多家媒体的"交战"仍在继续，一些媒体见《湛江晚报》有特写，不甘落后，也纷纷推出报道"英雄人物"的专版，介绍各位勇斗歹徒的英雄。在这种情势下，怎样才能继续写出有价值的独家新闻呢？还是靠细节！在众多英雄中，有一位智勇双全的英雄——董江被众多媒体记者忽略了，而却被笔者注意到了。当时不少媒体都把焦点集中在受伤挂彩的英雄身上，而忽视了斗智斗勇、空手夺枪且又不受伤的英雄。其实，见义不但要勇为，更要智为，董江一人赤手空拳智夺两枪，压倒了歹徒的嚣张气焰，避免参战警民产生更大的伤亡，他的功劳相当大。因而，笔者觉得，像董江这样智勇双全的英雄人物，不能让他流于一般，应予以大力宣传。于是，笔者写下了《智勇董江夺枪有方》（载于 2003 年 1 月 17 日《湛江晚报》）的小通讯。董江的材料是怎样采访到的呢？笔者先从广东省烟草公司湛江分公司的安保科科长郑大宇那里找到董江的手机号码，然后在深夜对其进行电话采访。在 1 月 22 日我发表的通讯《英雄，是这样诞生的——记吴川市烟草专卖局五勇士》中，笔者还挖掘了一个细节，董江之所以能做到急中生智，用手指死死扣住歹徒手中左轮手枪的转轮，使歹徒无法射击，最终制服了凶残的歹徒，是因为他平时酷爱看《兵器知识》杂志，对左轮手枪的性能颇为了解。

2.客观报道，忠于事实，权威、独家

对新闻事件的报道，尤其是本地新闻的报道，如果不能客观地予以报道，就会引起读者（尤其是当地群众）的反感，认为媒体在"车大炮"（讲大话、讲假话），从而对媒体产生厌恶心理，造成媒体的权威受损、公信力下降。

客观的报道，是媒体的生命线和品牌，是媒体提高权威和保障公信力的基本保证。能否做到客观报道一个新闻事件，可以考验出一个记者的综合素质是否过硬，是否有溯本追源的勇气和冷静深刻的分析能力。这往往也是能出独家新闻的法宝之一。

谁是真正的英雄呢？真正的英雄就是笔者在《血肉与子弹碰出冲天激情——警民在吴川"1·15"持枪特大抢劫案中与悍匪殊死搏斗特写》中报道过的8位人物：吴川市烟草专卖局（公司）的梁玉艳、董江、冯亚桂、麦茂钦、麦科，吴川交警大队的交警林华强、欧锦成以及群众张伟平。在上述英雄人物中，对于吴川市烟草专卖局（公司）的5位勇士，众多媒体没有作专题报道，这不能不说是一个遗憾。因为吴川市烟草局5位勇士在劫匪持枪威胁的危急关头，为保护公款，将生死置之度外，与悍匪进行殊死搏斗，显示了大无畏的英雄本色。他们英勇行为的背后肯定有着感人的故事，这是一个很好的新闻源头，值得深入挖掘。为了探寻英雄的诞生，我写出了长篇通讯《英雄，是这样诞生的——记吴川市烟草专卖局五勇士》（配有"焦点评论"：《英雄诞生并非偶然》），在文中的"英雄说英雄"段落，五勇士说出，两交警在他们心目中是"英雄中的英雄"，因为身穿制服的两位交警在关键时刻挺身而出，使群众明白这是警民在斗劫匪，而非黑社会火拼，鼓舞了不少群众加入斗劫匪行列，最终将劫匪全部生擒。

（原载《中国地市报人》2006年论文奖参赛作品选集，获第四届（2004—2005年度）中国地市报论文（论著）奖三等奖）

浅谈新闻小评论的写作

　　小评论，一般是指三五百字的短评、六七百字的专栏评论、千字以内的评论员文章。它包括常见于报纸上的编者按、编后语、一事一议、读者意见与来信等。关于报纸的小评论，胡乔木曾有过这样的论述："报纸评论的问题很多，所以除了社论以外，还要有四五百字或六七百字的小评论。这好比是在艺术领域里，除了大戏、话剧、歌剧以外，还要有活报剧和秧歌一样。"（见《报纸工作谈话录》第 42 页，人民日报出版社，1984 年版）。他所说的"四五百字或六七百字的小评论"，就是比社论、编辑部评论等"大评论"选题广泛、分析扼要、形式活泼、群众性强，以其短小精悍的特点在报纸上发挥"轻武器"作用的小评论。

一、小评论的要求

　　小评论姓"小"，在报刊版面上不过占方寸之地。它能得到政治家、思想家以及广大言论作者的青睐，受到人民群众的欢迎，原因就在于它既具备其他评论所具有的思想性、说理性、指导性等共性，又独具特征，即由小而带来的短而新、短而活、短而锐、短而精，等等。

小评论要求就实论虚，以小见大。实指事情，虚指道理。小评论不是"书生空发议论"，而是针对事情评说道理，即议事明理。它要求虚实结合，就实论虚。事情虽写得详或多，但道理讲得不透彻，思想揭示不深刻，停留在记事上或就事论事上，那就算不上是合格的评论。情不因事而动，感不由事而发，道理讲得越是头头是道，就越是让人觉得空话连篇，抽象说教，那也算不上合格的评论。

以小见大有两层意思。其一，评论篇幅短小。即写的是小文章，讲的是大道理。如果长篇大论，那就去写论文，不要写小评论。其二，评论议事可大可小。大事情反映大道理，谁都懂，易做到。真正体现小评论作者功力的，是善于通过小事情揭示大道理，让一滴水映射出太阳的光辉。

二、小评论的写作

小评论虽小，但要写好并不易。因它有很强的政论性、时效性，对作者的文学素养要求较高。笔者在 10 多年的新闻工作中写了大量的新闻评论，尤以小评论居多。下面试就小评论的写作，谈一些粗浅的体会。

1. 要有很强的时效性

小评论与新闻是一对孪生兄弟，因为小评论褒贬的是现实生活中发生的事情，所以它有很强的时效性，如果没有时效性，就失去了评与论的意义。这就要求作者要像写新闻一样写评论，动笔要快，成文要快，发稿要快，否则就成了明日黄花，失去了褒贬现实的作用。故只有评论社会热点，才能收到良好的社会效果。如2003年"1·15"吴川特大持枪抢劫案发生后，通过媒体的宣传报道，社会上迅速形成了一股关注英雄的热潮。为了弘扬见义勇为的社会风气，笔者（笔名鲁占）迅速在1月17日的《湛江晚报》头版发表了评论《看吴川版〈英雄〉去！》（全文仅600字左右）。见报后，该评论在社会上引起强烈反响，读者评价：此稿迅速及时，构思巧妙，充满激情，起到了弘扬正气、鞭挞罪恶的作用。

2.行文要不落俗套

写评论最忌人云亦云。没有自己独特的观点，没有新鲜的语言，是绝对吸引不了读者的眼球的。首先是标题，一定要醒目诱人。如笔者构思的标题"本地姜也辣""杞人忧'梯'""克格勃成了'香饽饽'""向私彩烧一把'文'火"。这些标题或翻新俗语、成语，或利用同音字，或采用比喻、双关、反语等修辞手法，从而使文章形象生动，引人注目。其次是行文，要尽量多地采用一些鲜活的语言。如在《英雄诞生并非偶然》一文中，笔者这样写道："当今社会有些人，抱定明哲保身的教条，不求有功，但求无过，一旦遇上与自己切身利益无关的事，便统统变成'壁虎'了——作壁上观。"又如在《先擦亮眼睛，再投入感情》一文中，笔者写道："阿丹狡，阿仁痴，阿仁终于被歹女'大搞卫生——洗刷一空'，身心俱疲，欲哭无泪。"

280

3. 语言要幽默、辛辣

小评论从某种意义上说，是一种微型杂文，故而要有幽默、辛辣的文风。幽默是一种语言艺术，是一篇杂文的精彩之笔。写杂文要讲究诙谐，把事情和道理写得风趣可笑而又意味深长，使读者不禁拍案叫绝或油然发笑。小评论亦然。

小评论有多种功能，在我看来，主要功能在于它的批判性，体现在一个"贬"字上。褒贬现实生活中的真善美与假丑恶，褒是颂扬，贬是批判，两者比较，重在批判，就是贬。可以说，以贬明理，是小评论的主要功能和一大特点。贬有多种方法手段，其中讽刺格外有效。讽刺就是对于被贬的对象，运用比喻、对比、联想、夸张等，进行批判、揭露性嘲笑，达到以贬明理的目的。讽刺应当是辛辣的，不能隔靴搔痒；讽刺也应当是适度的，要根据讽刺的对象，区别揭露性的、摧毁性的讽刺与善意的、导向性的讽刺。讽刺过了头或者不到位，都不是好的评论。

4. 要充分发挥联想

"联想"在小评论写作中占有重要的地位，一篇好的评论如果联想得巧妙，它的针对性、思想性、指导性就大为增强。如笔者写《看吴川版〈英雄〉去！》这篇稿子时，其时正是张艺谋导演的《英雄》在湛江热播之际，笔者由看电影《英雄》一下子联想到看吴川的英雄，构思可谓水到渠成、天衣无缝。再如在《月饼选美？买珠还椟！》中，笔者由那些通街、通店摆卖的月饼"穿"上争奇斗艳的饼衣（外包装），令人眼花缭乱，联想到这是月饼在"选美"，而由一盒精装月饼的实际价值中外包装要占七成，月饼才占三成的现实，又联想到寓言"买椟还珠"，并推陈出新：

"现今的'珠',买主是不还给卖主的,而'椟'却还给了垃圾堆!"从而指出:过度包装既制造垃圾,又浪费资源。

5. 要激浊扬清,爱憎分明

只有褒贬现实生活,方显小评论的政论本色。因此,回避现实中的是与非,没有激浊扬清的思想,缺乏爱憎分明的情感,是写不出政论性很强的小评论的。故而批评什么,表扬什么,要让人一目了然,不要闪烁其词,含糊不清。如在《让假劣商品滚出展览会!》的开头,笔者"义愤填膺,拍案而起":"简直岂有此理!向来以搞'地下党'而闻名的假冒伪劣商品竟然借展览会之大名,与名优产品同享入室登台之礼遇!"在结尾,笔者又大声疾呼:"让假冒伪劣商品'生无出生之窝,死有葬身之地'!让假冒伪劣商品滚出展览会!还我展览会之声誉!"

6. 要善于"引"为我用

新闻评论对作者的文学艺术素养要求很高。在评论中引用一定的成语、典故、谚语、诗词、名言、名句等,能增强评论的说服力和文采,揭示深刻的哲学道理。让读者从中感悟提倡什么、反对什么。

如在《看吴川版〈英雄〉去!》中,笔者引用了"火牛阵"这个典故和俗语"咬崩牙""一镬熟"。在《英雄诞生并非偶然》的结尾:"'生当作人杰,死亦为鬼雄'!这就是英雄!"笔者引用了李清照的诗句。如在《110岂能当儿戏?!》中,笔者针对一些市民无端打110报警电话取乐,导致线路"塞车",出警、处警缓慢的状况,笔者引用"烽火戏诸侯"的典故,由此反衬出滥拨 110 的危害性。

（原载《中国地市报人》2004 年获奖论文专辑，获第三届中
国地市报论文（论著）奖二等奖）

后 记

时光荏苒，白驹过隙。一晃眼，我在湛江日报社工作已跨入第 22 个年头了。一个春日，春雨袅袅降临，空气清新沁人，我在家翻看自己的新闻作品剪报集，突然，萌动了一个出书的念头，以不忘初心，继续前行。

本书共收集 114 篇作品，分为三部分：世事观澜（57 篇）、随笔感悟（51 篇）、新闻探索（6 篇）。作品发表时间跨度为 2001 年 12 月至 2022 年 11 月，本书按发表时间倒序编排。

岁月如歌，奋斗不息。我先后在湛江晚报编辑部、湛江日报编辑部和全媒（融媒）发布中心工作过，负责新闻、副刊版面编辑和新媒体稿件审核把关。

"世事观澜"主要集聚我为《湛江晚报》"焦点新闻"版和"热点冷思"专栏撰写的新闻评论作品。写评论是我的一大爱好，因为喜欢，所以专注。

写评论和随笔，并不是领导们对我提出的特别要求，而是自我加压、主动请缨去写，为了挑战自己，多学一样东西。我在湛江晚报社会新闻部编辑"焦点新闻"版、在文体部编辑"点击"版时，为了使所编辑的版面更接地气、更贴近读者，我给所编的新闻稿件配上自己写的评论。我还为《湛江晚报》头版、二版的"海滨夜谈"栏目和二版的"百姓茶坊"栏目写过评论。2003年1月17日上午10时许，我见到《湛江晚报》头版大样放了《浩然正气天地长存 吴川各界探望铁血英雄》的消息，便立即和编辑预约——"请给我半个钟，我写一篇五六百字的评论。"半个小时后，我如约交了600字左右的《看吴川版〈英雄〉去！》。这是我写得最快的一篇评论，也是写得最为痛快淋漓的一篇评论。从确立主题、找准切入点到动笔，几乎是一气呵成。2003年9月，《湛江晚报》开辟时评专栏"热点冷思"，我第一个报名当撰稿者。有一天凌晨两点多，我被一阵急促的电话铃声吵醒，原来是编辑罗晓雯告急，她说当天时评版面的稿件还没有着落，请求火速支援。于是，我一骨碌爬起床，挑灯夜战赶稿子。

2009年至2011年，我在湛江日报要闻中心工作期间，也为"时评"版和"邻边"版写过评论稿件。我参与编辑的时评专栏"天天发言"获第25届（2010年度）中国地市报新闻奖一等奖。

2022年4月起，我重操旧业，分别为《湛江晚报》"快评"版和《湛江日报》"新闻+融合"版撰写了一些评论。

"随笔感悟"集结的作品，主要是我为《湛江晚报》"感悟"版撰写的文章。此外，还有部分文章是为"海风"版"观海长廊夜话"专栏和"闲情"版撰写的。2012年，《湛江晚报》开辟"感悟"版，我负责组稿编辑，并根据所编的哲理故事在"旺哥有话说"专栏撰写随笔。2015年1月，"海风"版开辟"观海长廊夜话"专栏（截至 2017 年 11 月，出至第 211 期），刊登湛江本地作者的原创随笔作品。我不但负责组稿编辑，还撰写随笔稿件。"观海长廊夜话"专栏获 2016 年度中国晚报优秀专栏奖三等奖（国家级专业奖）。

无论写评论还是随笔，我都注意避免空谈大道理，而是小中见大，贴近实际、贴近生活、贴近群众，力求写得幽默泼辣、富于哲理、发人深省、激浊扬清，彰显正能量。

"新闻探索"收集论文 6 篇，分别探究了新闻小评论写作的要点、独家新闻采写的心得、通讯"散文化"写作的要领、新闻诗的魅力、采访文化人物的技巧、新媒体审稿把关的诀窍。其实，这些论文是一种业务性随笔，是我的新闻采编实践心得体会的升华版，可操作性强。

我曾在一首诗中写道：人游走于社会，也在苦苦追寻／新鲜的密码／答案，其实很简单／游离了熟悉的环境／陌生，就是一种走进原始的／别有风味的新鲜。我的工作经历，可谓一路走来，都是在探寻新鲜的密码，在不断挑战陌生中逐渐走向成熟和进步。

我刚到湛江日报社工作即到湛江晚报社会新闻部负责"焦点新闻"版，稿件要求可读性强、读者关注度高；在湛江晚报文体部编辑"感悟"版时，稿件要求可读性、趣味性、哲理性"三合一"。上述版面对于起初接手的我来说，都是十分难啃的骨头，但我没有畏缩退让，而是迎难而上，矢志打造精品，终于使上述版面办出了一定知名度，受到读者好评。正如我在一篇随笔中所说的那样，走进陌生，我们付出的辛劳可能会更多，但是在一个陌生的地方，往往是我们收获成功的福地。走进陌生，大胆地做陌生的工作，在陌生中提高自己的素质，在陌生中闪烁创新的火花，在陌生中收获成功的果实，在陌生中为自己的人生增光添彩。

这本作品集叫《让思想来一次闪亮的飞行》，成书之际，感谢在工作中曾给予我帮助和指导的各位同事、各位领导！

感谢《湛江日报》原副总编辑、《湛江晚报》原总编辑、高级记者苏定华先生拨冗为本书作序！感谢中国作家协会会员、中国散文学会理事梅雨墨先生为本书出版提供大力支持！

第一次出书，难掩兴奋和激动，不知不觉竟说了这么多。经验不足，水平有限，书中错漏在所难免，敬请各位读者批评指正。

詹亚旺

2023 年 3 月 28 日